U0855642

新时代民族地区
教育工作者能力与素养研究

沈正晖 ◎ 著

云南出版集团
云南美术出版社

图书在版编目（CIP）数据

新时代民族地区教育工作者能力与素养研究 / 沈正晖著 . -- 昆明 : 云南美术出版社 , 2020.1
ISBN 978-7-5489-3569-8

Ⅰ . ①新… Ⅱ . ①沈… Ⅲ . ①民族地区—师资队伍建设—研究—中国 Ⅳ . ① G451.2

中国版本图书馆 CIP 数据核字 (2018) 第 301836 号

出 版 人：李 维 刘大伟
责任编辑：吴 洋 陈铭阳
责任校对：郑涵匀 张京宁
装帧设计：李 静

新时代民族地区教育工作者能力与素养研究

作　　者　沈正晖　著
出版发行　云南出版集团
　　　　　云南美术出版社
地　　址　环城西路609号24-25楼
印　　装　朗翔印刷（天津）有限公司
开　　本　710mm × 1000mm　1/16
印　　张　8.5
版　　次　2020年1月第1版
印　　次　2020年1月第1次印刷
印　　数　1~1000册
书　　号　ISBN 978-7-5489-3569-8
定　　价　50.00元

本书为黔南州基础教育科学规划课题
“新时代名校长胜任能力研究”（2017B109）研究成果

前　言

“民族教育”实质上就是一种民族文化现象，是一个民族不断传递的创造性成就、目标与观念。民族教育的形式多样性、内容再生性与功能规范性等特征显示出民族教育的文化内涵经历了一个缓慢的、从自发到自觉的文化认识过程。发展民族教育和民族教育信息化，不仅关系到国家教育的整体发展，而且关系到民族教育和民族文化素质的提高。用教育信息化带动教育现代化，带动民族教育的现代化，对于提高教育质量、促进教育公平、构建学习型社会和人力资源强国具有重大意义。国民素质是一个国家经济腾飞的首要条件，教育是一个国家进步与发展的基础。现代教育技术和教育现代化对于提高教育质量、扩大教育规模、培养创造性人才、实施素质教育、推进教育的改革与发展起着十分重要的作用，尤其对贫困地区和少数民族地区的教育发展更加显示出它独特的功能与作用。

鉴于此，作者撰写《新时代民族地区教育工作者能力与素养研究》一书，全书共有六章。以民族教育研究的理论与策略分析为切入点，分别从“政府发展民族政策的回顾与展望”“民族教育信息化的发展思路与路径分析”“文化视野下的民族教育者的工作素养”“少数民族职业教育与全民族教育的管理制度”“民族教育工作者的文化素养与教师队伍的政策创新”这几个方面进行具体阐述。

本书循序渐进、由浅入深，力求以准确与科学的文字进行表述，用理性和科学的态度取代感性和随意性；且结合了大量具有代表性的事例，讲述了新时代民族教育工作者能力与素养的研究。全书力图以完整、详细、重点突出的框架阐述新时代民族地区教育的原理和相关知识。

为了使写作严谨、逻辑清晰，为了拓宽研究思路，丰富理论知识与实践表达，作者阅读了很多相关学科的著作与成功案例，并吸取了大量学科的知识。希望本书能够为学习和研究民族教育与地区教育的学者同仁们提供一些有资可寻的学术信息。当然，至于本书的研究实用价值究竟如何，还有待专家、学者们的检验，如有疏漏之处，还请得到谅解，不吝赐教。

此外，书稿的完成还得益于前辈和同行的研究成果，具体已在参考文献中列出，在此一并表示诚挚的感谢。

作者

2018 年 7 月

目录
CONTENTS

第一章　民族教育研究的理论与策略分析 …… 001

第一节　民族教育的理论构建方式 …… 001
第二节　民族教育研究的独特性与关注点分析 …… 006
第三节　民族教育研究的策略分析 …… 012

第二章　政府发展民族政策的回顾与展望 …… 015

第一节　西部大开发以来的民族教育政策回顾 …… 015
第二节　民族教育政策的展望 …… 018

第三章　民族教育信息化的发展思路与路径分析 …… 021

第一节　民族教育信息化的发展思路分析 …… 021
第二节　民族教育信息化的资源发展取向 …… 049
第三节　民族教育信息化的路径解析 …… 056

第四章　文化视野下的民族教育者的工作素养 …… 065

第一节　文化视野下的少数民族文化多样性 …… 065
第二节　多元文化教育的原则与策略解析 …… 068
第三节　民族教育研究的应用策略探索 …… 070

第五章　少数民族职业教育与全民族教育的管理制度探究……078
第一节　少数民族教育政策目标的制定与效能提升路径……078
第二节　健全民族教育的管理政策制度创新……099

第六章　民族教育工作者的文化素养与教师队伍的政策创新……113
第一节　民族教育工作者的文化素养探究……113
第二节　民族教师队伍的政策内容与创新探索……117

参考文献……126

/ 第一章 /
民族教育研究的理论与策略分析

中国是一个具有悠久历史文化与独特民族风韵的东方大国，有关民族教育学学科的提出和系统研究始于20世纪80年代后期，伴随着学科的独立，有关民族教育的理论和实践研究也逐步规范起来。本章重点阐述了民族教育的理论构建方式、民族教育研究的独特性与关注点分析以及民族教育研究的策略分析。

第一节　民族教育的理论构建方式

一、民族教育的理论范式

理论范式能够为研究者提供认识世界的立场，也为研究者思考研究问题和选择研究行动提供支持。理论范式主要围绕本体论、认识论和方法论三个方面对社会现象和行为进行探讨。本体论是讨论“真实性”问题，即对日常社会生活的认识立场和假设。认识论是探讨“立场”和“态度”，即研究者与被研究对象之间的关系。方法论是探究“方法”和“策略”，即研究者如何发现社会现象背后的真实性。首先介绍实证主义，然后再介绍质性研究的后实证主义、批判主义理论、建构主义、自然主义、阐释主义、扎根理论、制度民族志、参与行动研究这几种理论范式，后者是对科学理性主义的一种批判。

（一）实证主义

实证主义理论起源于经验主义哲学，是一种“朴素的现实主义”。由自然科学（特别是物理学）实证研究范式的经验主义大师休谟（D.Hume）和法国思想家孔德（Comte）等学者倡导。实证研究范式认为，任何事物本身具有特定的规律，因而，社会现实所具有社会现象的真实性是可以被认识的，只要通过坚持“价值无涉”的客观立场与理性的态度，采取严谨的科学方法，经由探讨现象之间存在的因果关系就可以发现社会现象的真实本质。其中心论点是：事实必须通过客观的观察或感觉经验，去认识个人身处的客观环境和外在事物。实证论者认为，虽然每个人接受的教育不同，但他们用来验证感觉经验的原则并无太大差异。实证主义的目的在于建立知识的客观性，认为量的研究是基于实证主义，在研究过程中非常重视研究工具的规范性和科学性，主张理论的真理性必须由经验来验证。

（二）后实证主义

后实证主义源自对实证主义的反省与批判。它认为客观真理虽然存在，但不可能被人们直接证实，研究者只能通过“否定”的方式，来间接证实社会现象的真实性。这种“否定”就是通过客观、准确、严谨以及控制等手段和方法对现象进行“证伪”而接近真实。

可见，后实证主义在对实证主义批判的同时，还保留实证主义对严谨科学方式的信仰。但按照陈向明理解，她认为后实证主义范式为执行研究提供了一定支持，“根据我个人对后实证主义范式的了解，我认为可以将其分为两类，我将它们称为‘唯物的后实证主义’和‘唯心的后实证主义’。前者认为事物是客观存在的，不以人的主观意识而有所改变；由于目前人的认识能力有限，因此不可能认识其真实面貌。持这种看法的人一般采取‘文化客位’的路线，从自己事先设定的假设出发，通过量或质的方法进行研究。后者认为客观事实（特别是被研究者的意义建构）客观地存在于被研究者那里，如果采取‘文化主位’的方法便能够找到客观事实。他们大都采用‘质’的方法，到实地自然情境下了解被研究者的观点和思维方式，然后在原始资料的基础上建立‘扎根理论’。

（三）批判理论

批判理论的一个非常明显的特色在于，它不是某个具有明确界限的理论，而是许多理论形成的“理论群”。所以，很难给批判理论下一个比较明确的定义。但是，批判理论是指通过揭露制度和文化中的霸权，以及这些霸权对畸形社会（如奴役、不平等、压迫等）的制造和复制，从而启蒙人的自觉、反抗的意识和能力，通过自身的抗争以获得自由、解放的理论。因此，批判理论范式是由许多理论观点建构起来的，这些理论主要包括法兰克福学派、女性主义等。这一“理论群”的基本观点是：承认社会现象客观现实的存在，但这种存在并不是静态的，而处于动态之中，并在不同的社会历史文化场景下呈现出不同的特质；这种现实的存在是在意识形态、权力作用下被各种社会、政治、文化、种族和性别等因素塑造而成的。因而，研究者在研究中必不可避免地有其价值取向和鲜明的立场，研究就要通过研究者与被研究者之间的对话方式，将此还原到特定的社会历史脉络中，才能扭转和消除被研究者在权力架构下所产生的错误认识，从而发挥研究的“批判”和“解放”功能，达到实现社会改革或社会变迁的目标。

（四）建构主义

建构主义融合了胡塞尔的现象学、海德格尔和伽达默尔的诠释论以及符号互动论等哲学观点。虽然理论基础不同、在某些问题上观点有所不同，但它们都强调相对实在论，认为社会生活世界的意义是由多重主体互动中形成的经验共同构建的结果；这种方式建构出来的世界是多元的，社会现象的真实性知识存在于不同的情境之中，无须去探知其是否“真实”的问题，只需讨论其存在“合适”与否的问题。

因此，研究者不是去探讨外在于人的客观世界，而是采取辩证对话的方式与被研究者产生互动关系，形成理解与建构的桥梁，“通过主体之间的理解，人类将扩大自身描述和解释事物的认知结构和叙事话语”。所以，研究要以研究者为研究工具，在自然情境中才能把握被研究者的日常生活经验与行动意义。

（五）自然主义

自然主义是质性研究中的古老传统，其基本假设是，存在客观的社会现实，而且这些现实能够被正确地观察和报告。阐明这种传统的、最早的，也是最著名的研究是威廉·富特·怀特（William Foote Whyte）在著作《街角社会》（Street Corner Society）中对康讷威利群体（一个意裔美国人的群体）的民族志研究。该民族志研究关注的是详细、准确的描述而不是解释，在研究方法上强调要以康讷威利群体自身的角度来进行报告，表现出自然主义方法要以研究对象“真实的”方式来陈述研究对象“他们的”故事。

“自然主义”有别于“理性主义”或“科学主义”。它认为现实具有多元的、构建的、分散的特性，但一个有机整体，要以整体方式去达到对现实意义的理解。它力图在真实的情境状态下把握研究过程。崇尚自然主义的方法论思想有以下两个突出要点：第一，研究者不去人为地干扰或改变研究现场和研究过程，即不将已有的理论框架、概念范畴、测量手段等强加于研究过程。研究者只是作为一个观察者、访问者、参与者或行动者深入到实地，收集第一手资料，并对这些资料做具体详尽的描述，使之真实地再现于读者面前，由读者自行做出体悟和判断；第二，注重对研究资料的情境性解释，强调把研究资料放到当下的情境中去解释。质性研究重视在自然情境下研究人的经验世界，以使研究结果更加切合人们的实际生活。

（六）阐释主义

质性研究的理论基础还来源于一种被称为“阐释主义”的哲学观点，该范式认为，世界是人们在与自身及社会系统的互动过程中所建构、阐释和体验到的。研究不应该仅仅关注客观的、可验证的事实，同时也应该关注人们附加于事实之上的各种主观意义，辨识、整理并分析那些与客观行为（决策、活动、实践）相互关联的意义正是阐释主义方法论的核心要义。

阐释主义将人们如何阐释、理解和体验社会世界作为关注点，回答的不是“是什么”和“有多少”之类的问题，而是回答“为什么”“怎么会”之类的问题。对此，质性研究通过参与式观察、深入访谈等方法来获取主观理解等方面的信息。

（七）扎根理论

扎根理论被提出之前，社会科学普遍存在理论性研究与经验性研究严重脱节的现象。这种两极化（即宏观理论与贴近现实的经验性研究）加剧了理论与资料间的裂隙，扎根理论的创始人格拉泽和斯特劳斯声称其主张就是为了“填平理论研究与经验研究之间尴尬的鸿沟”。过去只是偏重经验传授与技巧训练，而扎根理论为研究者提供了一套系统策略，即通过对来自观察资料的模式、主题和一般分类进行分析，进而得出理论。扎根理论可以被描述为在质性研究中，试图综合自然主义方法和实证主义方法，以达成“程序的系统化模式”的努力。

为了使研究者在保证科学性的同时具有创造性，斯特劳斯和科宾（J.Corbin）认为研究者应该遵循五条准则：第一，比较性思考，比较多次事件非常重要，它可以避免出现偏差（与基于最初观察的解释）。第二，获取多种观点，通过不同的观察技术可以得到事件参与者不同的观点。第三，时不时地进行反思，随着资料的累积，会生成对“正在发生什么”的解释，对照这些解释检查资料很重要。第四，保持怀疑的态度，当试图解释资料时，应该把所有的理论解释视为暂时的，永远都不要将它们视为既定事实。第五，遵循研究程序，扎根理论允许在资料收集中灵活处理，其中比较、问问题和抽样三种技术是最重要的。

（八）制度民族志

制度民族志发源于史密斯（Smith）对女性的研究。史密斯为了更好地理解女性的日常经历，着力去解释那些建构了这些日常经历的权力关系。史密斯和其他社会学家相信，如果研究者就“事情如何运转”这个问题来询问女性或者其他附属群体，他们就会发现那些建构了他们的现实的制度实践，这种询问的目的是要揭示那些经常被传统的研究类型所忽视的压迫。制度民族志将“微观层次”的个人日常经历和“宏观层次”的制度联结在一起，从个人的经历开始，目的是要揭示建构和主宰了那些经历的制度性权力关系，在这个过程中，研究者能够揭示那些可能出于官方目的而进行的调查所忽视的社会侧面。

（九）参与行动研究

最后一种质性研究范式将会把研究者和研究对象之间的地位和权利关系的讨论引向深入。在参与行动研究范式中，研究者的作用是要为研究对象——特别是弱势群体，出谋划策，以帮助他们更好地实现自己的利益。在这种研究中，处于弱势的研究对象找出他们自己的问题和所渴求的结果，然后研究者设计方案以帮助他们实现目的。这种方法最初出现在第三世界的发展项目当中，之后迅速在欧洲和北美得到传播。这种范式认为，研究不仅具有知识生产的功能，还是一种意识教育、发展和行动动员的手段。参与行动研究的支持者反对那种认为研究者优于研究对象的假定，主张应该取消研究者和被研究对象之间的差别，研究者和研究对象之间应该是平等的，并且研究对象对研究目的和程序具有一定的控制权。

霍尔姆斯（B.Holmes）认为，质性研究“至多提供某种经验地检查从文件证据和检验结果导出的一般陈述（以及由此得出的语言）的有用性和效度方式……它只能作为检验假设的一种方式”。因此，质性研究不应是一种封闭的研究范式，而是要以开放的姿态吸收其他研究范式的长处和优势。尽管上述范式并没有囊括质性研究的所有范式，但足以向读者们展示质性研究中的无限可能性。

二、民族教育的理论建构

理论是为了解释和预测现象，确定变量之间的关系，用系统的观点将相互关联的概念、定义和命题组织在一起的总和。理论是指一系列有条理、有关联的论点，是从其他方面去推论，并且可以对此现象予以解释。理论建构的最终目的是发展一个普遍且适用于人类行为及社会基础的准则，最基本的目标是形成理论以及可以发展一般人类行为与社会功能的普遍法则。理论建构有归纳式推理和演绎式推理两种方式。归纳式推理是从对个别事物的观察中推导出一般性的规律或法则。演绎式推理是从一般到个别，它是一种由一般结论推导出特殊或个别结论的方法。

质性研究采用归纳的方式建立自下而上的理论，重视在互动中建构理论和知识体系。它通过对现实现象的实地研究，在大量观察的基础上，对经验进行概括，并由此提出具有普遍意义的抽象理论，并以此来指导人们认识现实经验、解释及预测。质性研究中的扎根理论、诠释主义等理论范式，提倡通过调查产生理论。质性研究强调以“厚实描述（thick description）的方式建立理论，不只是一般的行为描述，而是透过缜密的细节描述其中的意图、动机、文化传统、行动的处境与形式。理论的目的是证明直接的经验，而不是抽象的概念原则。这些社会学者认为每一个人类情境皆是新奇的、突发的、多元的、冲突的，他们试着体会其中的涵义及矛盾”。

同时，质性研究经常使用这些较一般的理论为架构，作为研究的问题及论述的观点。一般而言，研究者常在开始资料搜集的期间，使用实证的类推性或正式的理论来帮助形成最初的问题和研究假设。当开始聚焦在资料分析时，他们会借助其他理论，以不同的观点来帮助解释资料，并根据资料分析的最终结果，为建构理论提供重要基础。

以扎根理论为例，陈向明认为扎根理论的操作程序一般包括：第一，从资料中产生概念，对资料进行逐级登录；第二，不断地对资料和概念进行比较，系统地询问与概念有关的生成性理论问题；第三，发展理论性概念，建立概念和概念之间的联系；第四，理论性抽样，系统地对资料进行编码；第五，建构理论，力求获得理论概念的密度、变异度和高度的整合性。

第二节　民族教育研究的独特性与关注点分析

一、民族教育质性研究和量化研究的主要区别

从民族教育质性研究的理论范式和理论建构来看，为了更清楚地了解民族教育质性研究的独特性和关注点，在此将从另一个角度，即质性研究与量化研究来阐释研究范式之争，并从质性研究和量化研究的对比中，发现质性研究方法的优势，以此发现民族教育质性研究方法的独特性和关注点。

（一）研究范式之争

范式多被定义为世界观或者指导研究者的信仰系统。在社会和行为科学领域，对范式的重要性关注最早的是库恩具有影响力的著作《科学革命的结构》。他在书中提到，范式就是在任何既定领域里被比拟生成的模式，尤其在不成熟的社会研究中，相互竞争的范式会同时出现。实证主义者以假设出发，是通过一般到特殊的演绎推理，论证不同现象之间的因果关系或已预设的理论假设，并将其作为普适性的结果推广。而自然主义却与此想法不同，它没有预设，只是以研究者为研究工具，利用从特殊到一般的推理过程，形成“草根”理论，因此所形成的理论也不具有普适性。

（二）质性—量化的研究策略

实证主义范式强调量化的研究方法，而经验主义范式强调质性研究方法。因此，

这两个范式之争有时又被称为质性—量化方法之争。质性—量化研究方法所呈现的主要区别如下。

1. 质性—量化研究的抽样策略

调查研究虽然希望能够对所涉及的群体（总体）进行研究，但由于人力、物力等限制因素，不可能对所有的研究对象进行调查。为此，研究者通过一定的标准和程序从总体中抽取一部分具有代表性的群体作为研究的目标群体，即样本。对于所抽取的样本来说，与研究问题的联系越紧密，样本对总体的代表性越高，研究的测量效度就越高。比如，要研究傣族学生的学业成就与阿昌族学生的学业成就表现的差异，就只能将同一学校中的傣族学生与阿昌族学生作为研究对象，而不能将其他民族的学生也作为研究对象，否则就减弱了此项研究的测量效度。在研究的过程中，选取有代表性的样本作为研究对象，对于质性研究和量化研究都是非常关键的研究前提。但是，质性研究与量化研究的抽样过程以及所使用的抽样策略是不同的，所选取的侧重点也不一样。

抽样方法一般包括概率抽样和非概率抽样，这两种抽样类型中同时又包含若干具体的方法，分别展示了以下两种类型中的具体抽样方法。

（1）概率抽样类型。概率抽样类型的具体抽样方法分别有几个方面：①简单随机抽样。一个群体中的每一位成员都有同等且独立的机会被抽取。这个样本是通过偶然选择、一个随机数列或者计算机生成的随机数字而获得的。②系统随机抽样。基于样本所需要的数字，目标群体中的每一个成员都为这个样本而被选择。只有在群体被随机排序的列表中，这个方法才适用。③分层随机抽样。只有当总体的次级群体（分层群体）的比例已知时，才能使用这个方法；在每一个分层群体中抽取样本时，抽取是随机的。④比例抽样。每一个次级群体在样本中被抽到的比例和每一个次级群体在总体中被抽到的比例是一样的。⑤非比例抽样。不管样本在群体中所占比例是多少，这个样本拥有与来自每个次级群体的个体同样多的数量的个体。这个结果可归纳到次级群体中，不能归纳到总体中。这个抽样方法适用于一些比例较少，且使用简单随机抽样就能描述出比例的少数群体。⑥群体随机抽样。已将总体中的个体分组，选择其作为样本单位。因为这个分组是选择的抽样的单位，一般来说，选择相对较大的组数。⑦多级群体抽样。这个抽样方法包括其他方法和群体抽样技术。比如，第一步选取学校区域，然后在每一个群体中随机选择个体 / 学校，或者在分层抽样群体中按照特定属性选取。

（2）非概率抽样类型。非概率抽样类型的具体抽样方法分别有几个方面：①目的性抽样。根据具体的研究问题进行随机抽样，在适合这些个体 / 群体的信息的基础上，选取个体／群体。②同质性抽样。选取案例，比如，它们有相同的品质和／或相同大小的特性。个案可能是走极端或者离经叛道的，或者是局外人，与特性有极强的相关，或者是一个特性相同的、平时的或经典的案例，不管样本大小，只要依靠研究目的进行抽样，个案都可以被选择。③异质性抽样。在一些对研究目标很重要的特性（比如民族、教育）上，选取最大异质性的案例。通常，要在每一个特性水平上，至少选取一个案例。④分组非随机抽样。这个与分组抽样近似，但其方式是非随机的、有目的的，且非常方便的。在研究中，从总体的每一个次级群体（分组）中非随机地选取个案或案例。在社会研究中，这也称作“限额抽样”。⑤滚雪球或链式抽样。从其他选取的样本群体中或者其他人那里透露的信息中选取样本。因为随着研究的继续，每一个新的个体都有提供更多有关其他合适案例信息和样本群体的可能性。⑥顺序抽样。以一个简单的样本开始，直到得到期望的确定水平才停止抽样。比如，在聚焦群体中，当新的群体补充很少的或者几乎没有在先前群体中提供的概念／主题之上补充新的，抽样才停止。⑦方便抽样。抽样根据收集数据的实用性和方便性进行，而不是根据研究目的问题的适用性进行。这些抽样也包括什么是“容易被获取的样本”（易于被研究者接触到的个体组成的群体，比如一个班级里的学生）、“志愿者样本”“临时出现的样本”等等。

虽然在质性研究和量化研究中都可以采取概率抽样和非概率抽样方法，但是，由于一般量化研究都容易把握总体的情况，更多采取概率抽样；而在质性研究中情况则略有不同。质性研究中如果把握了总体的情况，可以在开始调查阶段多使用随机抽样，以便寻找合适的目标人群；当研究者针对某一问题进行调查时，则多采用目的性抽样；在质性研究中，如果由于不了解研究对象总体情况或研究问题的敏感性等原因导致无法获得被研究对象人数信息以及直接联系的情况下，则多采用滚雪球抽样。为此，就采用“滚雪球”的方式，通过辍学学生之间的联系找到其他辍学生。因为一个辍学生能提供更多其他辍学生的信息，包括姓名、家庭住址、辍学原因等信息。当然，研究者在调查过程中，有时并非单独选用某一种方法，而是多种方法并用。

2. 质性研究方法的数据收集策略

质性研究的数据收集策略体现了质性研究设计的特点和优势。传统质性研究方法并不提前设计，而是在调查过程中形成研究问题和逐步设计研究方案。当然，当前一些质性研究在研究开始就制订了数据收集策略，并在研究过程中逐步细化和完善。当前质性研究设计的数据收集方法，主要有以下几种。

（1）更注重被调查背景信息与其主体体验

为了深入了解被研究者主体体验及其解释，具体调查方法主要采用进入田野、深度访谈法和参与观察法等。田野不只是地理意义上的场所，也是一个时空场景。选择和进入田野，是进入特定的社会文化脉络，能够整体描述、分析发生于其中的现象及意义。因而，田野选择所采取的策略，注重其代表性和特定性；进入田野后，经过初步了解，再从中选择进行深度研究的子单位。

与量化研究中的访谈法相比，质性研究所采用的主要是深度访谈法。深度访谈（in-depth interviews）是为了获得“参与意义”资料的开放式反映问题——人们在自己的生活中，如何构思他们的世界，以及他们如何解释重要的时间或“赋予意义”。访谈可能是重要的资料收集策略或观察策略自然发展的结果。例如，政策决策一向被认为“黑箱”，要揭开这个过程，就需要通过与之相关的利益集团参与程度与谈判方式来加以反映。而这种行为及其背后的权力关系需要深入与相关人员进行互动，通过开放性的深度访谈获取相关信息。参与观察法在质性研究中运用较为普遍，是研究者发现新问题、了解人物关系的主要途径，也是质性研究者进入研究场域就开始不断使用的方法，研究者要保持一颗开放的心，观察周围的一切人、事和物。

（2）运用他人收集和记录的数据

这种方法也被称为实物收集法。实物包括手工制品，也包括人力所为的东西。例如，在教育研究中，政府的政策文件、学校所发的内部文件（公开的、未公开的）、教师教案、学生课表（在有分班的学校，“好班”和“差班”的课表具有对比意义）、学生成绩、学生日记等。但是，在收集和整理实物过程中，研究者需要追问自己：“这些数据是真实记录的吗？”“它们保存得完整吗？”如果信息保存不够确切，或者是为了某些人的利益才被选择性地保存下来，那么研究结果的信度就会受到怀疑。比如，有些学校办公室张贴的大幅课程表就很有可能是为了“遵守规矩或统一模式”“迎接上级检查”才挂上去的。所以，这样的课程表数据并没有真实记录学生的实际授课课程，体育课和音乐课的实际上课课时也许并没有达到课表所安排的课时。因此，研究者需要亲自到目标班级中询问授课科目情况并进行翔实的记录。

3. 数据整理策略

量化研究的数据整理一般运用描述统计和推断统计两种方法。描述统计一般是对研究对象的背景信息进行统计；对于结果的分析，一般运用差异检验等方法。而质性研究主要采用分类、编码等方式对访谈和观察材料进行分类整理，将富含相同信息的数据进行多次编码，新的编码是对上一次编码的整理和统筹，会得到更多的数据信息。当然，在质性研究中，柱状图、饼图等图表也是展现质性数据的方式之一。

量化研究技术一般以实验、调查、结构化的访问与观察、准实验等方法开展，资料以分组方式列出。量化研究者认为，研究结果可以并且能够推及其他时间和场景中去，也可以对预设进行正确与否的判断。质性研究则不然，质性研究者认为研究结果是自身和参与者共同建构的知识网，研究结果属于当时、当地，不能推及其他时间和场景中。

二、质性研究对于民族教育研究的独特性

民族教育研究的独特性在于它的研究对象，以及由研究对象所决定的研究方法。民族教育学的研究特点表现在：跨文化性特点，学科交叉特点，多语言、多文字性特点以及实践性特点。民族教育学这门学科研究的是具有不同文化背景的少数民族地区的教育，是一项具有“跨文化”性质特点的研究，研究对象是具有不同语言、不同文化背景的人。所以，一项民族教育研究成果不能完全照抄照搬到其他民族地区的教育中去。 而质性研究则是深入到研究对象内部，从研究对象的视角看待问题与解释现象，而不是从研究者的视角看问题，在一定程度上质性研究可基本符合民族教育的特性。因此，质性研究方法也就必然成为民族教育学的主要方法。从某种程度上来说，田野调查法是质性研究的一个最根本的方法。研究者参与到目标群体的生活中，与他们一起生活，处于学生生动的文化场景和教育场景中，运用访谈、参与观察等质性的数据收集方法搜集数据，开展调研。

所以，综合民族教育研究的特性和质性研究相比于量化研究的优势发现，质性方法非常适合民族教育研究，两者具有浑然天成的融合能力。

（一）研究对象——扩大了民族教育的研究领域

研究者保持开放的心态到生动的学校场域中，广泛观察、深入思考，不仅能够观察到很多新的问题，还能将问题的来龙去脉了解得更为透彻、清晰。如果只是将一张量表发到学生手中，收集数据，然后做差异检验，这等于主动放弃了更多发现问题的机会。教育的对象是活生生的人，广大的教师和学生都参与其中，互相影响并建构了丰富多彩的教育活动。所以，质性研究的优势完全可以在民族教育研究中发挥出来。同时，民族教育研究也能够在质性研究方法的帮助下，发现更多新的问题和现象。例如，韩嘉玲教授在贵州省黔东南苗族侗族自治州做了多年田野调查，发现“留守儿童”的教育问题、跟随父母外出打工离乡进城的“流动儿童”的教育问题。通过研究发现了“流动儿童”在城市受教育过程中遇到的一系列问题，如“打工子弟”学校面临拆迁的问题、身份认同问题。这些研究方向正是研究者在田野调查过程中对当地的经济、就业、打工等现象进行深入的参与式观察和跟踪调查才发

现的。目前这些数据已成为我国教育政策制定的重要来源和依据。

（二）研究视角——发挥了研究者更大的主观能动性

量化研究一般需要研究者做理论预设，用研究结果论证假设。但是民族教育问题，尤其是那些当地的语言、文化以及经济状况是实际存在的，不需要对其进行理论上的假设，因此很难将这些因素作为变量进行量化。所以，研究者要研究民族教育问题，最好运用质性研究方法中的观察、访谈等数据收集方法。通过质性研究方法对当地的教育参与者进行深描，上至当地的教育官员，下到学校的教师、学生以及社区人士。将学校发生的事实与政府以及当地的社区文化、经济联系起来，避免刻板和独断的分析倾向，让研究者从更广泛的视角看待问题。通过分析成因，给予研究者更大的发挥空间和主观能动性，以免陷入量化的数据结果，不能澄清事物发展变化的过程。

三、民族教育质性研究的关注点和成果

（一）民族教育质性研究的关注点

不同的研究问题适合不同的研究范式。与量化研究相比较，质性研究比较适合探究特定情境下人们互动的方式、人们如何赋予其生活环境中事物和行为的意义等问题，倾向于描述和探究事情或现象“为什么”发生、“如何”发生，而不关注“是什么”等问题。

因此，由以往质性研究所关注的问题来看，质性研究者主要关注以下问题。

（1）特定群体或弱势群体的处境及所面临问题。质性研究者更感兴趣研究某种处境地位、行为偏差的个体或群体。例如，民族教育质性研究关注处于特定不利处境的少数民族学生。

（2）关注一些特定的主题。执行研究者更多的是与性别、种族、政治和权力相关的主体。例如，民族教育质性研究关注少数民族学生的认同状况。

（3）能够提供特定情境下人们行为及其意义的场所。例如，贫民窟的街角能够呈现离家、终日晃荡于街头巷角的社会低下阶层青少年的行为、互动等。

（4）具有特殊作用的时间。例如，青海省藏族土族村寨六月节，它对其儿童社会化甚至整个村落秩序与结构具有重要的影响。当然，研究可以初始于他们感兴趣的群体，但也可以从其他的关注点入手。

总之，在对民族教育开展质性研究时，需要关注到质性研究自身所具有的一些特征和优势，它关注“为什么”和“如何”，将对被研究者的个人经验和意义建构进行“解释性理解”或“领会”，重视研究者和参与者的关系。因此，无论你研究民族教育领域中的任何现象或问题，都将关注到少数民族学校场域内人与人之间的

互动过程，观察人们互动的方式以及他们自身对事实的理解。当然，质性研究者自身需要具备不断反思的意识和能力。

（二）运用质性研究方法研究民族教育已取得的部分成果

当然，选取何种方法取决于研究问题。任何一种方法都要针对研究问题去设计和运用，不能“为了方法而方法”，也就是不能为了坚持质性研究，而忽略了量化研究方法的运用。任何一种方法都有它的弊端和限制，传统的建构主义者和实证主义者在研究方法上走向了两个极端，但也给后来的研究者提供了创新的源泉和研究路径。后现代建构主义和后现代实证主义研究者不断地磨平传统经典研究范式的棱角，吸收对方的长处，弥补自身研究的不足，走向了一个融合的新阶段。将量化研究和质性研究相融的混合方法论的出现，正是这一融合阶段的产物。在民族教育研究过程中，这两种研究方法都在发挥着各自的价值和作用，共同为民族教育研究服务。

第三节　民族教育研究的策略分析

一、建立多学科研究组织

从学科研究发展的历史可以发现，不论是单学科研究，还是跨学科研究，都是借助一定的研究组织而发展起来的。这些研究组织可以聚集大批学者组成学术共同体，学术共同体可以通过研究组织开展科学研究、召开学术会议、培养研究人才。从当前各国的相关活动来看，自 20 世纪 50 年代和 60 年代起，许多国家，尤其是发达国家为了推动跨学科研究的发展，设立了一系列的跨学科研究中心、跨学科思想库、跨学科咨询机构，以及新型的跨学科大学、跨学科研究生院等研究组织。由此可以断定，研究组织是学科研究的载体和平台。

在民族教育质性研究中推进多学科研究策略，也可以首先成立相应的多学科研究组织。这些研究组织既可以在那些与民族教育相关的科学研究部门、科研机构设立，也可以在民族院校和多学科大学中设立。

二、培养多学科研究人才

在论述多学科研究的价值时，多学科研究有助于培养学术共同体。其实，学术共同体同样也有助于多学科研究的开展和深入。然而要成为多学科研究学术共同体的成员并非易事，因为其成员除了具备传统科学研究所要求的较高的专业科学素质外，还要经过多学科研究的训练，多学科的意识、视野和情怀的培育。而当前通过现有的教育体制是不可能培养出多学科研究人才的。因为传统教育体制的组织管理、教学内容、教学方法、专业和课程的设置等，都是围绕单一或交叉学科来运作的。

就目前从事民族教育研究的人才而言，大多是在单一学科教育模式下成长起来的，他们对单学科的知识和技能的重要性有较深的认识，并习惯于运用单学科的思维方式、知识、技能来思考问题或解决问题。为此，必须改革现有的教育体制，这种改革应该涉及招生、培养、管理等环节。在此，主要从培养环节讨论改革的措施。认为应该集中力量改革现有的专业设置。众所周知，现有的民族教育专业多建立在单一学科的基础上，仅仅依靠民族学或教育学的理论和方法，最多将民族学与教育学的理论、方法整合起来进行专业教育。认为应该在跨学科的基础上将历史学、心理学、现象学、社会学等学科的理论和方法也融入民族教育专业中，从而培养具备多学科学术修养的人才。

三、开展多学科研究活动

作为一种研究范式，多学科研究必须与具体的研究活动结合起来，这样不仅可以使多学科研究得到实践的检验，并得到完善、升华，还可以将多学科研究真正地与研究活动结合起来，凸显其独特的魅力。

当然，在民族教育质性研究中开展多学科研究，也应该尽可能多地开展多学科研究活动。但是研究活动的开展必须建立在问题的基础上，也就是说，只有找到问题，确定问题的真实性、复杂性和价值性，并愿意以此问题作为研究主题，研究活动才能开始。一般来说，“问题”就是“某个给定的智能活动过程的当前状态与智能主体所要求的目标状态之间的差距”。对于民族教育来说，符合多学科研究要求的问题主要隐藏在民族教育实践和民族教育学科中。具体来说，民族教育实践中符合多学科研究要求的问题主要有如下两类。

（1）复杂性问题，即那些需要社会各个部门共同努力才能解决的问题，如民族教育政策法规的制定、民族地区教师的培养与留任等问。

（2）多学科性，即那些需要通过很多学科交叉才能解决的问题。民族教育学科中符合多学科研究要求的问题主要是该学科范式中存在的问题，如一般概念中的界定混乱问题、分析框架不明确问题、方法论过于狭隘等问题。这些问题的解决不仅需要借助教育学学科和民族学学科的力量，还要从经济学、管理学、法学、心理学、哲学、历史学、政治学、社会学等学科中汲取丰富的营养，通过学科间的交叉、整合、应用，为问题的解决提供思路。

以上，从建立多学科研究组织、培养多学科研究人才、开展多学科研究活动三个角度，探讨了在民族教育质性研究中开展多学科研究的策略。在具体的实践操作中，建立多学科研究组织就已经包含了另外两个策略。这是因为有些研究组织，如汕头大学多学科研究中心，不仅能通过研究生教育培养多学科研究人才，还能自主地开展多学科研究活动。

/ 第二章 /
政府发展民族政策的回顾与展望

中国民族教育发展全景式的回顾和展望，梳理中国民族史学科的发展脉络和各项成果，可以明其得失，探索中国民族史学科未来发展方向，推动中国民族史的健康发展，同时以史鉴今，对政府部门的民族问题决策提供极有价值的理论来源和思想支持。本章重点探讨了西部大开发以来的民族政策回顾、民族教育的重要领域的政策回顾以及民族政策的展望。

第一节　西部大开发以来的民族教育政策回顾

西部大开发以来，政府出台了一系列发展民族教育的纲领性政策。这些纲领性政策主要是西部开发政策和专门性的民族教育政策，而一些民族教育政策也融入西部开发政策之中。

党的十九大报告提出："教育事业全面发展，中西部和农村教育明显加强。就业状况持续改善，城镇新增就业年均一千三百万人以上。城乡居民收入增速超过经济增速，中等收入群体持续扩大。覆盖城乡居民的社会保障体系基本建立，人民健康和医疗卫生水平大幅提高，保障性住房建设稳步推进。社会治理体系更加完善，社会大局保持稳定，国家安全全面加强。"

一、西部大开发总览性政策中关于民族教育的内容

中央政府做出西部大开发战略决策之际，就制定了针对民族教育发展的政策。总体来看，这些政策兼具倾斜性和发展性，以倾斜性政策为基础，着眼于民族教育的跨越式发展。倾斜性政策，也称优惠性政策或者补偿性政策，"是在充分考虑少

数民族教育发展中的特殊自然、历史和社会原因之后，所采取的一种倾斜发展政策或优先发展政策”。补偿性政策包括：加大财政转移支付，专项资金补助向民族地区倾斜，建立对口支援和帮扶工作等。

《国务院西部开发办关于西部大开发若干政策措施的实施意见》对此做了规定：加大对西部地区特别是民族地区（指民族自治区、享受民族自治区同等待遇的省和非民族省份的民族自治州）一般性转移支付的力度。从2000年起，中央财政安排一部分财力，用于对民族地区的专项转移支付。教育、科技、卫生、政法、文化、文物等专项资金补助的分配，也要向西部地区倾斜。随着中央财力的增加，逐步加大对西部贫困地区和民族地区的扶贫资金投入力度，主要用于贫困乡村的基础设施建设、种植和养殖业、农村基础教育和职业技术教育、文化卫生事业和先进适用技术的推广与培训等。加强对口支援和帮扶工作。东部地区有关省、直辖市及计划单列市根据自身优势和对口支援地区的特点，在受援地区继续建设一批小学、中学、卫生所、文化站，组织巡回教学、巡回医疗、科技下乡活动。东部地区省、直辖市及计划单列市可以根据条件，筹集对口支援的资金。补偿性政策包含多个领域，但每一种补偿类型都将教育作为一个必要的补偿对象，由此可见，中央政府对民族教育的重视。

二、新时期民族工作的总览性政策关于民族教育的内容

2005年5月，党中央、国务院召开了中央民族工作会议，印发了《中共中央、国务院关于进一步加强民族工作加快少数民族和民族地区经济社会发展的决定》，其中把加快少数民族和民族地区经济社会发展，促进各民族共同繁荣发展作为新时代新阶段民族工作的主要任务，把扶持民族地区发展教育事业、加强民族地区人才资源开发作为促进民族地区经济社会发展的重要手段和途径之一。

2007年2月27日，国务院要求努力提高少数民族教育科技水平。普及和巩固九年义务教育，全面落实农村义务教育阶段学生免收学杂费、对贫困家庭学生免费提供教科书、补助寄宿生生活费等政策，提高中小学公用经费保障水平。支持民族自治地方的农村牧区、偏远山区、边境地区改善中小学办学条件，建立校舍维修改造长效机制。切实保护少数民族女童受教育的权利。采取可行措施，逐步提高民族自治地方中小学师资水平和教师待遇。支持民族自治地方教师定期到大中城市进修学习，进一步完善对口支援制度，继续推动发达地区、大中城市对口支援民族自治地方搞好义务教育，积极开展“县对县”的教育帮扶工作，实施民族基础教育帮扶工程。

加强民族自治地方高中阶段教育，提高少数民族学生高中入学率，有条件的州

（市、地、盟）、县（市、旗、区）要办好普通高中。大力发展中等职业教育，结合民族自治地方实际，重点建设中等职业技术学校，实现高中阶段普通高中和中等职业教育规模的大体相当。

适当扩大全国普通高等院校少数民族预科班、民族班的招生规模。改善民族高等院校办学条件，提高办学质量，增强民族高等院校学生的创新和实践能力。加快推进中央民族大学建成世界一流民族大学的步伐。按照新机制推进国家助学贷款工作，完善奖助学金制度，建立有效的教育资助体系，帮助少数民族贫困大学生完成学业。充分利用现代信息技术，大力扶持民族自治地方现代远程教育和多样化继续教育的发展。

民族基础教育帮扶工程：开展以民族自治地方中小学教师为重点的培训、轮训工作，选送骨干教师进修学习。按照农村义务教育阶段中小学公用经费总额的5%统筹安排农村中小学教师培训经费，切实加强管理，把民族自治地方农村中小学教师培训纳入规范化管理的轨道。利用“农村现代远程教育工程”的资源，做好民族自治地方贫困县教师的培训工作。加强民族自治地方“双师型”教师培养。

强化民族自治地方教师队伍建设。加强教育扶贫工作，组织发达地区优秀教师赴民族自治地方农村、牧区巡回讲学。有条件的少数民族聚居地区，要积极探索异地办学的有效形式。大力发展民族自治地方农村牧区寄宿制教育，帮助贫困家庭学生完成义务教育阶段学习。民族高等院校建设工程：重点改善民族高等院校办学条件。加强民族高等院校学科建设，打造优势特色学科，创办生态环境保护、民族文化保护、民族医药等新兴学科，建设好重点研究和实验基地。推动民族高等院校与国际著名大学、研究机构开展学术交流与合作，支持利用国外教育资源合作办学。此外，这一时期其他一些政策文件中也提到了发展民族教育的政策措施。

2004年3月3日，国务院批转的教育部《2003—2007年教育振兴行动计划》要求大力发展少数民族地区教育事业。实施少数民族高层次骨干人才培养计划，支持高等院校扩大定向招收少数民族学生和建设民族预科教育基地。

2007年6月9日，国务院提出要优先发展边境地区的教育事业。优先把边境县列入义务教育经费保障范围，加快普及和巩固农村九年义务教育。实施农村中小学寄宿制学校建设工程、国门学校建设工程。改善中小学办学条件，加强教师队伍建设，提高教学水平。建设少数民族教学示范区，培养合格的教师。大力发展现代远程教育，加强教育对口支援。大力发展职业教育，重点培养实用型人才和技能型人才。边境地区少数民族居多，因而优先发展边境地区的教育事业，实际上也是优先发展民族教育事业。

党的十九大提出“优先发展教育事业。建设教育强国是中华民族伟大复兴的基础工程，必须把教育事业放在优先位置，加快教育现代化，办好人民满意的教育。要全面贯彻党的教育方针，落实立德树人根本任务，发展素质教育，推进教育公平，培养德、智、体、美全面发展的社会主义建设者和接班人。推动城乡义务教育一体化发展，高度重视农村义务教育，办好学前教育、特殊教育和网络教育，普及高中阶段教育，努力让每个孩子都能享有公平而有质量的教育。完善职业教育和培训体系，深化产教融合、校企合作。加快一流大学和一流学科建设，实现高等教育内涵式发展。健全学生资助制度，使绝大多数城乡新增劳动力接受高中阶段教育、更多接受高等教育。支持和规范社会力量兴办教育。加强师德师风建设，培养高素质教师队伍，倡导全社会尊师重教。办好继续教育，加快建设学习型社会，大力提高国民素质。”

这些总揽性政策成为新时期民族教育发展的基础，此后出台的一系列民族教育项目、民族教育工程都是以此为指导。

第二节　民族教育政策的展望

一、民族政策的特征

（一）民族教育政策制定层次性提高。

新时期党中央、国务院多次出台关于民族教育的政策，这说明中央政府在民族教育发展中起总揽全局的主导作用。

（二）民族教育政策更具灵活性。

中央政府在制定民族教育政策时，既考虑到民族教育发展的普遍规律，也考虑到我国不同少数民族存在差异，因而在具体措施上能够做到因地制宜。中央政府还针对具体少数民族出台了特殊政策，比如针对人口较少民族的教育发展政策。

（三）民族教育政策注重协调性。

在民族教育问题上，往往是几个部委共同协商，共同发布文件。针对某些重大民族教育问题，往往在多个政策中体现，以强化其重要性。

（四）重心开始转向关注特殊政策。

在关注倾斜政策的同时，重心开始转向关注特殊政策。政府在考虑到因自然、历史及社会等因素造成民族教育发展落后的基础上，给予民族教育发展以倾斜，体现在招生、投入、补贴等方面。新时期以来，政府在关注倾斜政策的同时，逐渐将重心转向民族教育发展的特殊问题的解决上，比如对双语教育教学的重视。

（五）实施重大项目和工程发展民族教育。

重大项目和工程是一系列在一个预设的时间框架与预算内，为实现特定的目标的投资和有计划的活动。因为重大项目和工程都有具体的目标、任务和实现期限，因而有利于增强政策的可操作性和可执行性。重点项目和工程一般都会有配套资金来支持，因而保证了民族教育政策的顺利实施。

二、民族政策未来发展的建议

尽管我国民族教育发展已取得了巨大成就，但仍然要认识到，民族地区教育发展程度与全国平均水平相比还有差异，仍然不能满足民族地区现代化建设和民族全面振兴的需要。为此，还要实施倾斜政策，加快发展民族教育。在继续推广新时期民族教育先进经验的同时，要着重进行以下几个方面的工作。

（一）坚持优先发展，做到巩固与提高并举

加快实施双语教育教学工程。实施国家教学师资建设项目，在不同地区选取若干所高校建立少数民族双语教育教学基地。建议以民族院校和部属师范大学为基地，通过学历教育和在职培训进行双语师资的培养和培训，建设一支数量和质量都符合要求的双语师资队伍。发挥民族院校在民族语言教学研究的优势和师范大学在汉语教学研究上的优势，促成二者之间的合作，研发一套高质量的双语教材。资助民族文字教材的出版，出版一批高质量的民族文字教材。开展少数民族汉语水平等级考试，推动少数民族中学汉语教学改革，建立较为完善的双语教育教学体制和课程体系。

（二）继续实施倾斜政策，并进行完善

继续实施对少数民族的教育倾斜政策，并进行完善。我国少数民族倾斜政策经实践证明是符合我国国情的政策，有利于少数民族的发展。在新时期对于一些不当利用少数民族优惠政策的做法要进行监督，并在制度上进行完善。比如少数民族加分政策需要在制度上继续完善。

对民族教育的投入要加大。因自然、社会原因民族教育成本较高，只有加大投入才能确保民族教育政策得以落实，实现跨越式发展。

（三）大力发展民族高等教育

以现有对口支援和省部共建体制为基础，选择民族院校和部分办学水平高的民族地区地方院校，实施“民族高等教育促进计划”，彰显办学特色和做大做强民族院校。加大对民族院校的投入力度，扶持民族院校发展有民族特色的理、工、农、医专业建设，在民族院校和相应的专业院校（理、工、农、医）之间建立教学科研联系渠道。

在民族院校规模方面，要立足于满足民族地区经济社会文化发展的需求，扩大规模和提高质量并举，扩大本科教学规模，大力发展研究生教育。目前民族院校的校园建设尚不能满足扩大规模的需求，在不降低质量的前提下要扩大规模，政府在民族院校校园建设用地方面给予政策倾斜。目前民族院校师资水平尚不能满足学校加快发展的需求，建议通过培训、交流、学历教育等方式提高民族院校现有师资水平，并加大高水平人才的引进力度。

（四）进行少数民族教育立法

中华人民共和国成立以来，我国民族教育法规建设有了长足发展，有力地保障和促进了我国少数民族教育事业的发展，但在立法实践中仍存在很大的盲目性和随意性，远没有形成一个从内容到形式都与我国国情相符合的科学的法规体系。突出表现在：（1）我国民族教育立法存在较多的空白点，民族教育领域中许多需要法律调整的关系和问题还无法可依，政策和行政手段在相当程度上和相当范围内还在代替法律的功能；（2）从体系的要求看，我国民族教育法规体系不仅需要一套系统完备的单行法规，更应有一个统御民族教育全局的基本法律，但目前还没有这样一个法律作为全部民族教育法规的主干；（3）在已有的民族教育法规中，还存在着不协调、不统一的现象。为了使我国民族教育立法事业持续快速健康发展，为了早日建成符合我国国情的民族教育法规体系，使民族教育立法从整体上真正发挥预期的社会作用，就必须抓紧进行我国民族教育法规科学体系的设计。

/ 第三章 /
民族教育信息化的发展思路与路径分析

教育是民族振兴和社会进步的基石，提高民族教育的教学质量，促进经济文化水平的全面发展，不仅要有正确的方针政策，而且要有具体的实施措施。加快教育信息化进程，推动民族地区教育信息化发展，是贯彻落实党的民族教育政策的重要措施之一。本章重点探讨了民族教育信息化的发展思路分析、民族教育信息化的资源发展取向以及民族教育信息化及其技术的路径解析。

第一节　民族教育信息化的发展思路分析

一、民族教育信息化的发展思路

（一）民族教育信息化的发展变化

社会进入信息化时代，信息技术改变了人们的工作、学习、生活和交流方式，提高了人们的生活质量和工作效率，同时也促进了教育和民族教育的发展。信息技术使信息交流无国界，使世界各族人民成为“地球村”的村民，在这一大背景下，信息技术使我国少数民族教育发生了前所未有的变化。党的十九大提出：“不忘初心，方得始终。中国共产党人的初心和使命，就是为中国人民谋幸福，为中华民族谋复兴。这个初心和使命是激励中国共产党人不断前进的根本动力。全党同志一定要永远与人民同呼吸、共命运、心连心，永远把人民对美好生活的向往作为奋斗目标，以永不懈怠的精神状态和一往无前的奋斗姿态，继续朝着实现中华民族伟大复兴的宏伟目标奋勇前进。”

1．网络改变了教与学的方式

信息化时代网络技术与网络环境的形成，不仅改变了人们的交流方式、通信方式，对教育的变革更是做出了巨大的贡献。少数民族地区和少数民族学校大都处在草原、边远和海拔较高的地区。由于地域的特殊性，长期以来限制和影响着他们与外界的交流和民族地区教育、经济的发展。信息技术环境下的天网、地网给他们搭建起了与外界及与世界各国人民交流的桥梁，使他们看到了世界的发展，学习到了先进的知识与技术，加速了民族地区的经济发展和教育发展，使教师和学生看到、获得新知识、新信息、新事物。更重要的是改变了传统的教与学的方式，使他们在大山深处、草原深处可以像发达地区的孩子们一样，共享优质资源。联合国教科文组织就语言和教育问题制定了基础性原则，该原则指出："重视民族政策，促进网络语言学习，为少数民族提供网络语言学习的机会和条件，提高生存技能。"网络技术不仅给中国教育，也给世界教育带来了前所未有的变化。

2．少数民族信息化资源的产生与形成

联合国教科文组织就语言和教育问题制定的基础性原则明确指出："每个孩子应当以母语作为他们接受正规教育的开始"，"母语教学是教学识字初期的基本手段，同时母语教学应当贯穿整个教育过程"。"无论是对青少年、成人还是在校儿童，无论是出于娱乐还是学习，只有提供充足的阅读材料才能保证识字的顺利进行。"

不同的民族都有自己的母语，利用母语进行学习和传授文化知识，是少数民族的权利。信息化社会的到来，使知识信息的传播方式发生了变化，教育教学方式和知识信息的传播通道出现了并存的现象。传统的教学方式和利用信息技术支持和变革了的新教学方式同时存在，各有各的优势，并没有用信息化取代传统化的趋势，但信息技术融入民族教育的各个环节，起到了促进少数民族教育发展的作用。

在其发展过程中，民族母语信息化字符、字库、资源的产生与形成是民族教育信息化形成与发展的重要标志。在教育信息化初期，虽然民族地区的信息化环境已经形成，但由于没有母语的信息化字库与资源，影响了民族教育信息化的应用，信息交流与教学基本使用主流语言（汉语）进行。经过近10年的努力，这些问题基本得到了解决，少数民族信息资源得到了极大的丰富，这一变化同时也极大地促进了少数民族教育的跨越式发展。

3．教学手段与方法发生了变化

由于信息技术对教育的融入，改变了传统的教学环境和教学资源，改变了知识信息的呈现方式，同时也改变和增加了知识信息的传播方式。这一改变，极大地影响了教学方法和手段的改变。李泽林在《教学方法论的研究与本土化追求》一文中指出，中外学者在各自的立场与角度上对教学方法都有合理的认识，其共同之处表现在七个方面：教学方法服务于教学目标与任务；离不开教师和学生两个实体；是由一系列的教学方式所组成，具有一定的操作程序和原则；不能和教学过程与内容分离；是在实践基础上产生的；在教学方法的表现形式上，既有外显的动作也有内隐的行为倾向性；教学方法也是对学习的刺激程序。教育信息化在教育教学过程中与这七个方面相融合，起到了支持、支撑教学内容的深化和对教学过程的优化作用。由于信息技术与民族教育的有机结合，极大地改变了教学方法、教学方式与教学手段，教育部于 2004 年 12 月颁发的《中小学教师教育技术能力标准（试行）》也是对少数民族地区中小学教师提出的要求，强化信息技术应用，提升民族地区教师应用信息技术的能力与水平。改进教学方法、更新教学观念、提高教学效果是对当代教师提出的新要求。

（二）民族教育信息化发展的新因素

信息技术是时代发展的产物，是时代和社会发展的新技术。当这种技术应用在不同领域，便会产生强大的作用和影响力。正如“纲要”第十九章指出：“信息技术对教育发展具有革命性影响”，这种影响同样促进了民族教育的发展。经过十多年的教育信息化建设，民族教育信息化虽然从无到有得到了巨大的发展，但在发展过程中也出现了一些不协调和影响发展的问题。这些问题虽然是发展中必然或是不可避免的，但还会产生阻力和负作用力，必须给予重视与克服，以保证民族教育信息化朝着健康的方向发展。

1. 思想观念中的负作用力

经过十多年的教育信息化建设，民族教育信息化的多个构成要素基本到位。硬件环境建设到位，软件资源基本具备，人员培训基本到位，但思想认识还不完全到位。其中比较突出的现象之一就是重示范应用，轻教学应用。“纲要”中指出：“强化信息技术应用，提高教师应用信息技术的水平，更新教学观念，改进教学方法，提高教学效果。”强化信息技术应用，就不是可用可不用，是必须在教学中应用。这样的要求，是根据信息技术在教育教学中所产生的作用而提出的。在一些学校，包括少数民族学校，对信息技术教学应用不够重视，不够深入，不够广泛。例如，教师本人处在多媒体环境，却按照传统教室条件进行教学，不是硬件条件没有，不是没有资源，不是不具备在教学中应用的能力，而是在教学中应用的比例很低。这是信息技术教育应用在某些学校、某些教师身上表现出来的实际情况。这些学校和教师只有在观摩课、公开课、示范课、项目验收课的教学中，才展示出信息技术在这些学校的应用效果和教师应用信息技术的水平。

2．环境建设中的模仿性

教育信息化的基础设施建设和硬件环境建设是实施信息技术在教育教学中应用的重要构成部分。没有宽带网，没有数字化校园网建设，没有计算机教室和终端设施的普及就无法开展信息技术工作。从国家到地方政府和学校都非常重视信息化环境建设，投入了大量的人力、物力和财力，经过十多年的建设与更新，目前除边远地区外，基本都得到较为完善的实现。少数民族学校也全部或部分地得到了完善。但在信息化环境建设过程中，发现了克隆与攀比、模仿现象。前些年在建设多媒体教室时，出现的情况是小学学中学、中学学大学，纷纷在教室里组合多媒体主控设备（讲台），不是按照不同层次的学校，根据自己的性质和教学需求去设计建设，而是千篇一律地在教室的一角设计一个主控台，内有四个视觉设备与投影机连接，计算机、DVD、录像机、视频展示台和一个音频设备（功放），再加电动银幕。最早时这一组合设备投资在10万元以上，但使用率很低，造成很大浪费。中国目前的现状是硬件资源发展超前，软件资源和教学应用滞后，极大地影响着信息技术在教育教学中的应用。学习与模仿先进的信息技术基础设施建设方案是必要的，但必须根据自身的条件和学校的性质来决定。小学、中学有自己的需求，不可全盘模仿、克隆大学的建设方案，更不能将信息技术的基础设施建设当作“面子工程”去追求。哪些技术、哪些设备适合自己的需求就拿来，哪些不适合就舍去。同类学校之间也不可相互攀比，你有的我也要有，先占上、先拿来再说，必将造成浪费。从大学到小学都出现过建设投入与教学产出成“负比”的现象。不计成本效益、使用率太低会给国家的教育投资造成浪费，这也是目前在边远地区、少数民族地区影响教育信息化发展的一个新问题。

3．资源缺乏，有枪少弹

2013年1月在北京举行的一个学术研讨会上，原中国教育学会会长顾明远先生指出：“信息技术扩大了教学资源和学习资源，更重要的是扩大了人类的脑劳动力，把人类的智慧集中起来，促进了教育的发展。信息技术的最大贡献之一就是出现了新型的信息载体，在硬件资源与软件资源的相互配合下，扩大了教育教学资源。在其相互支持下，把人们的智慧集中起来共享。在其相互支撑下，扩大和改变了人们的脑力思维方式，同时也改变了教学方法和教学手段，以取得教学最优化。”如果只有硬件资源而没有或者很少有软件资源配合，将会极大地影响教育信息化的健康发展。软件资源缺少，有枪少弹虽然是一个老话题，但目前在少数民族教育信息化发展中仍然是一个最突出的问题。特别是少数民族和开展教学的学校，这仍然是影响教育信息化发展的主要问题之一。民族类教材和教学教材，没有配套或者很少有信息化教学资源（如藏语、蒙古语、维吾尔族语）。教育信息化为草原牧场的少数民族学校带来了活力，学生很想在信息化环境下进行学习，教师也很想使用信息化手段进行教学。教育信息化发展到今天，不是硬件条件不具备，也不是教师没有应用能力，而是配套的民族软件资源匮乏，特别是在乡镇、村一级的学校，这一问题最为突出。同发达地区相比，少数民族地区特别是边远地区的少数民族学校的教育信息化发展落后五年以上，资源建设落后五年以上，信息化教学应用也落后五年以上。

4. 应用不融合，方法无变化

顾明远先生指出："信息化技术只是一个'器'而不是'道'。信息技术应用如何达到有效，最重要的还是由应用方法来决定，传统教学中教师在黑板上亲手画一个圆，学生能得到直观感受。很佩服这位教师。在电脑上画一个圆，学生们不以为然。"信息技术给人们提供的是"器"，是条件，要靠人去掌握、使用才能产生作用。影响信息技术教育应用效果很重要的因素之一就是要有恰当的应用方式。目前在教学应用上存在着资源与学科课程内容不融合、结合不密切的现象。学生感到用与不用都一样，没有起到深化教学内容的作用。（1）使用资源的结合点不准确。有一次在听一位教师上课的时候，本该使用准备好的多媒体资源，但没使用。讲完全部教学内容后，教师突然发现缺少了这个环节，再拿出来补上，结果是没有真正发挥其应有的作用。（2）文字 PPT 泛滥，将电脑变成电子黑板，单位幅的字数无限增加，字体无限缩小，字与背景的对比无反差，还不如黑板表现得清楚，这样的信息技术还不如不用。（3）不会很好地使用网络传播功能，不能很好地运用网络信息资源的丰富源泉和远程交互形式去变革自己的教学方式。没有恰当地将教育信息化的设计功能、技术功能表现出来，只发挥了信息技术的一小部分。随着设备的老化，造成了硬件设备和技术功能的浪费。这些现象也是目前大中小学和少数民族学校普遍存在的问题。

（三）民族教育信息化发展的新思路

"纲要"在"加快教育信息化进程"的章节中指出："强化信息技术应用，提高教师应用信息技术水平，更新教学观念，改进教学方法，提高教学效果"。今后十年民族教育信息化要朝着这一要求和方向发展。强化信息技术应用不是可用可不用，是必须要用，在以前转变教学观的基础上进一步更新观念，改进教学方法，这些都需要进一步的研究和探讨。提高教学效果应该包括三个方面，即提高教学效率、教学效益和教学质量，这些问题需要在教育信息化发展的过程中不断研究、完善。笔者结合民族教育信息化在建设与发展过程中的新情况，谈一些想法。

1. 更新教学观念的协调性

教育信息化已经开展十多年，人们的教育教学观念发生了很大的转变，为使信息技术深入健康地发展，在新形势下必须根据新要求，进一步更新教学观念。更新教学观念不能孤立地当作一项政治任务来对待，要求教学管理者和教师必须限期更新、限期完成，采用理论强制的方法是绝对解决不了问题的，要做到心服口服，在思想深处发生变化。只有进一步在教育教学中广泛融入信息技术，确实起到提高教学效率、教学效益、教学质量的作用，才有可能使教师的观念和行为发生变化，并真正落实在实践中。教师是教育信息化的第一责任人，教师用什么样的教学方法、教学手段和教学资源是教师的权力，任何人不得干预。

教育信息化本身就是一个系统工程，教学环境、技术、资源、应用、效果与教学观念是一个整体，这六个要素只有相互支持、相互作用，才能得到共同发展和共同提高。单独把更新观念拿出来让其提高，再去作用于教学资源的开发，作用于教育信息化的应用，产生优质的教学效果，这种教学观念的转变与更新只能是空中楼阁、海市蜃楼。应该是六要素同步发展，有教育信息化环境，有便捷的操作技术，有实用的多方位信息化教学资源，才可能在教学中得到广泛应用并取得良好的教学效果。这个时候，教师的教育思想和观念必将得到转变与更新，才会实现从“让我用”到“我要用”的转变。民族教育信息化更应该关注这六个要素同步协调发展，否则思想观念的不更新、不转变，必将成为影响教育信息化发展的阻碍。

2. 加强民族信息化资源的开发与应用

民族教育信息化的发展，如果只有硬件设备投入，没有很好的软件资源配合，将无法很好地发挥作用。民族教育信息化资源建设同普通中小学信息化资源建设相比，有相同点也有不同点。在此基础上，寻找具有民族特色的教学资源建设路径，必将促进民族教育资源建设的新发展。这里提出以下几点建议。

（1）拿来与译制相结合。普通中小学使用的统编教材及相配套的信息化教学资源，有的非常优秀，可以选择性地拿来结合自己的教学需求进行译制。这种资源建设的做法要比原创双语民族资源的开发来得快，是一种非常好的民族信息化教学资源建设的方法。

（2）设计与开发。国家和省、市教育主管部门，必须把少数民族信息化教学资源的开发与建设提到一定的高度，组织人力，投入经费，开发配套的双语信息化教学资源。包括同步课堂资源、网络资源、精品视频公开课和精品资源共享课，为民族教师和学生提供优质的教学资源。

（3）文字教材与信息化资源出版相配套。全国统编的文字教材目前虽然是一纲多本的编写与出版格局，但在出版文字教材的同时要求出版配套的信息化教学资源。各少数民族出版社在出版文字教材的同时，应该出版相配套的信息化教学资源。这一点不能再拖延下去，必须要做。

（4）创建民族信息化资源中心。国家为了促进和支持基础教育信息化发展，建立了设在中央电教馆的基础教育信息化资源中心。但少数民族信息化资源很少，再加之我国是一个多民族国家，有一部分民族采用双语教材和教学（如藏、蒙古、维吾尔、朝鲜等民族），除了国家开发双语信息化教学资源外，各省、市及地、州、县都应该建立区域性的民族信息化资源中心，满足辖区内学校、教师、学生对信息资源的需求，实现优质资源共享。教育信息化资源建设是一个没有定数和止境的工作，不仅要做到"多条腿走路"，而且要根据新技术、新媒体、新环境的发展与变化，不断开发出更好、更新的信息化教学资源。

3. 民族教育信息化环境建设

信息技术的迅速发展为构建新的民族教育信息化教学环境提供了技术支持。数字校园、智能教室、虚拟技术，以及技术的教育应用也将成为民族教育技术环境建设的新目标、新任务。在此提出以下三点建议。

（1）充分发挥现有的基础条件。在建设新环境、运用新技术、实验新方法的同时，必须将已具备的信息化教学条件使用好。如计算机教室、网络环境、天地网共享平台、农远工程，以及各种形式的多媒体教学环境等。在教育信息化建设的十多年时间里，国家投入了大量的人力、财力，并进行了大量的技术研究、实践研究和理论研究，积累了比较丰富的经验和多项研究成果。中小学教师也经过多种形式和项目的培训，并在实际教学中应用，提高了教学设计能力、整合能力和教学中的应用能力，这是最宝贵的财富。在教育信息化建设的过程中，绝不能有"猴子掰苞谷"的现象。从"三机一"幕进教室、电视教学到计算机应用，有了新的抛弃旧的，造成了极大的浪费。在中国电化教育发展的过程中有过教训。

（2）数字化校园建设。民族学校的数字化校园建设必须提上日程，这对促进民族教育信息化发展起着非常重要的作用，决不能因为是边远、民族地区就推迟、延缓进行。从"纲要"和"规划"对民族教育发展的总体要求看，是要与发达地区同步进行。因为数字化校园具有较强的教育教学辅助功能，对促进学生的个性发展与教师的专业发展将产生作用，这一建设必须重视。

（3）云技术的教育应用。云技术的迅速发展与应用为民族教育信息化发展插上了翅膀。云计算作为一种最新的网络应用技术，是传统的计算机技术和网络技术发展融合的时代产物，它通过网络把多个相对较低成本的计算实体整合成一个集成的超级计算与资源环境，将大量网络连接的计算资源进行统一管理和调度，构成一个计算资源池，并借助基础设施服务（IaaS）、平台服务（PaaS）、软件服务（SaaS）等先进的服务模式，按需向用户提供分布式服务，实现全国甚至全球范围的计算资源、存储资源、数据资源、信息资源、知识资源、专家资源和设备资源的全面共建共享。云技术的发展目前是应用在教育信息化中的一种全新技术，其功能与作用非常适合中国边远地区和民族地区的教育发展和经济发展需求。云技术的建设应该由国家和地方政府统筹安排，综合应用，不仅应用到各级各类教育中，而且应用到民族地区的经济、文化、政治等多个领域中。

二、民族教育信息化的发展演进

（一）教育信息化与民族教育的发展规划及政策支持

1.《国家中长期教育改革和发展规划纲要（2010—2020 年）》

2010 年 7 月 8 日，中共中央、国务院印发《国家中长期教育改革和发展规划纲要（2010—2020 年）》，从我国现代化建设的总体战略出发，规划描绘了我国未来 10 年教育改革发展的宏伟蓝图，科学确定了到 2020 年我国教育改革发展的战略目标、工作方针、总体任务、改革思路和重大举措。这是进入 21 世纪以来我国第一个教育改革发展规划纲要，是指导我国教育改革发展的纲领性文件。

百年大计，教育为本。教育是民族振兴、社会进步的基石，是提高国民素质、促进人的全面发展的根本途径，寄托着亿万家庭对美好生活的期盼。强国必先强教。优先发展教育、提高教育现代化水平，对实现全面建设小康社会奋斗目标、建设富强民主文明和谐的社会主义现代化国家具有决定性意义。

党和国家历来高度重视教育。中华人民共和国成立以来，在党中央领导下，全党全社会同心同德，艰苦奋斗，开辟了中国特色社会主义教育发展道路，建成了世界上最大规模的教育体系，保障了亿万人民群众受教育的权利。教育投入大幅增长，办学条件显著改善，教育改革逐步深化，办学水平不断提高。进入 21 世纪以来，全面实现城乡免费义务教育，职业教育快速发展，高等教育进入大众化阶段，农村教育得到加强，教育公平迈出重大步伐。教育的发展极大地提高了全民族素质，推进了科技创新、文化繁荣，为经济发展、社会进步和民生改善做出了不可替代的重大贡献。我国实现了从人口大国向人力资源大国的转变。

当今世界正处在大发展大变革大调整时期。世界多极化、经济全球化深入发展，科技进步日新月异，人才竞争日趋激烈。我国正处在改革发展的关键阶段，经济建设、政治建设、文化建设、社会建设及生态文明建设全面推进，工业化、信息化、城镇化、市场化、国际化深入发展，人口、资源、环境压力日益加大，经济发展方式加快转变，都凸显了提高国民素质、培养创新人才的重要性和紧迫性。中国未来发展、中华民族伟大复兴，关键靠人才，基础在教育。面对前所未有的机遇和挑战，必须清醒认识到，我国教育还不完全适应国家经济社会发展和人民群众接受良好教育的要求。教育观念相对落后，内容方法比较陈旧，中小学生课业负担过重，素质教育推进困难；学生适应社会和就业创业能力不强，创新型、实用型、复合型人才紧缺；教育体制机制不完善，学校办学活力不足；教育结构和布局不尽合理，城乡、区域教育发展不平衡，贫困地区、民族地区教育发展滞后；教育投入不足，教育优先发展的战略地位尚未得到完全落实。接受良好教育成为人民群众的强烈期盼，深化教育改革成为全社会的共同心声。

国运兴衰，系于教育；教育振兴，全民有责。在党和国家的工作全局中，必须始终坚持把教育摆在优先发展的位置。按照面向现代化、面向世界、面向未来的要求，适应全面建设小康社会、建设创新型国家的需要，坚持育人为本，以改革创新为动力，以促进公平为重点，以提高质量为核心，全面实施素质教育，推动教育事业在新的历史起点上科学发展，加快从教育大国向教育强国、从人力资源大国向人力资源强国迈进，为中华民族伟大复兴和人类文明进步做出更大贡献。

（1）十年发展总纲要求及战略目标

①总纲要求

第一，把教育摆在优先发展的战略地位。教育优先发展是党和国家提出并长期坚持的一项重大方针。各级党委和政府要把优先发展教育作为贯彻落实习近平新时代中国特色社会主义理论的一项基本要求，切实保证经济社会发展规划优先安排教育发展，财政资金优先保障教育投入，公共资源优先满足教育和人力资源开发需要。充分调动全社会关心支持教育的积极性，共同担负起培育下一代的责任，为青少年健康成长创造良好环境。完善体制和政策，鼓励社会力量兴办教育，不断扩大社会资源对教育的投入。

第二，把育人为本作为教育工作的根本要求。人力资源是我国经济社会发展的第一资源，教育是开发人力资源的主要途径。要以学生为主体，以教师为主导，充分发挥学生的主动性，把促进学生健康成长作为学校一切工作的出发点和落脚点。关心每个学生，促进每个学生主动地、生动活泼地发展，尊重教育规律和学生身心发展规律，为每个学生提供适合的教育。努力培养造就数以亿计的高素质劳动者、数以千万计的专门人才和一大批拔尖创新人才。

第三，把改革创新作为教育发展的强大动力。教育要发展，根本靠改革。要以体制机制改革为重点，鼓励地方和学校大胆探索和试验，加快重要领域和关键环节改革步伐。创新人才培养体制、办学体制、教育管理体制，改革质量评价和考试招生制度，改革教学内容、方法、手段，建设现代学校制度。加快解决经济社会发展对高质量多样化人才的需要与教育培养能力不足的矛盾、人民群众期盼良好教育与资源相对短缺的矛盾、增强教育活力与体制机制约束的矛盾，为教育事业持续健康发展提供强大动力。

第四，把促进公平作为国家基本教育政策。教育公平是社会公平的重要基础。教育公平的关键是机会公平，基本要求是保障公民依法享有受教育的权利，重点是促进义务教育均衡发展和扶持困难群体，根本措施是合理配置教育资源，向农村地区、边远贫困地区和民族地区倾斜，加快缩小教育差距。教育公平的主要责任在政府，全社会要共同促进教育公平。

第五，把提高质量作为教育改革发展的核心任务。树立科学的质量观，把促进人的全面发展、适应社会需要作为衡量教育质量的根本标准。树立以提高质量为核心的教育发展观，注重教育内涵发展，鼓励学校办出特色、办出水平，出名师，育英才。建立以提高教育质量为导向的管理制度和工作机制，把教育资源配置和学校工作重点集中到强化教学环节、提高教育质量上来。制定教育质量国家标准，建立健全教育质量保障体系。加强教师队伍建设，提高教师整体素质。

②战略目标

到2020年，基本实现教育现代化，基本形成学习型社会，进入人力资源强国行列。

第一，实现更高水平的普及教育。基本普及学前教育；巩固提高九年义务教育水平；普及高中阶段教育，毛入学率达到90%；高等教育大众化水平进一步提高，毛入学率达到40%；扫除青壮年文盲。新增劳动力平均受教育年限从12.4年提高到13.5年；主要劳动年龄人口平均受教育年限从9.5年提高到11.2年，其中受过高等教育的比例达到20%，具有高等教育文化程度的人数比2009年翻一番。

第二，形成惠及全民的公平教育。坚持教育的公益性和普惠性，保障公民依法享有接受良好教育的机会。建成覆盖城乡的基本公共教育服务体系，逐步实现基本公共教育服务均等化，缩小区域差距。努力办好每一所学校，教好每一个学生，不让一个学生因家庭经济困难而失学。切实解决进城务工人员子女平等接受义务教育问题。保障残疾人受教育权利。

第三，提供更加丰富的优质教育。教育质量整体提升，教育现代化水平明显提高。优质教育资源总量不断扩大，更好满足人民群众接受高质量教育的需求。学生思想道德素质、科学文化素质和健康素质明显提高。各类人才服务国家、服务人民和参与国际竞争能力显著增强。

第四，构建体系完备的终身教育。学历教育和非学历教育协调发展，职业教育和普通教育相互沟通，职前教育和职后教育有效衔接。继续教育参与率大幅提升，从业人员继续教育年参与率达到50%。现代国民教育体系更加完善，终身教育体系基本形成，促进全体人民学有所教、学有所成、学有所用。

第五，健全充满活力的教育体制。进一步解放思想，更新观念，深化改革，提高教育开放水平，全面形成与社会主义市场经济体制和全面建设小康社会目标相适应的充满活力、富有效率、更加开放、有利于科学发展的教育体制机制，办出具有中国特色、世界水平的现代教育。

（2）关于教育信息化的发展任务

加快教育信息化基础设施建设。信息技术对教育发展具有革命性影响，必须予以高度重视。把教育信息化纳入国家信息化发展整体战略，超前部署教育信息网络。到2020年，基本建成覆盖城乡各级各类学校的教育信息化体系，促进教育内容、教学手段和方法现代化。充分利用优质资源和先进技术，创新运行机制和管理模式，整合现有资源，构建先进、高效、实用的数字化教育基础设施。加快终端设施普及，推进数字化校园建设，实现多种方式接入互联网。重点加强农村学校信息基础建设，缩小城乡数字化差距。加快中国教育和科研计算机网、中国教育卫星宽带传输网升级换代。制定教育信息化基本标准，促进信息系统互联互通。

加强优质教育资源开发与应用。加强网络教学资源体系建设。引进国际优质数字化教学资源。开发网络学习课程。建立数字图书馆和虚拟实验室。建立开放灵活的教育资源公共服务平台，促进优质教育资源普及共享。创新网络教学模式，开展高质量高水平远程学历教育。继续推进农村中小学远程教育，使农村和边远地区师生能够享受优质教育资源。

强化信息技术应用。提高教师应用信息技术水平，更新教学观念，改进教学方法，提高教学效果。鼓励学生利用信息手段主动学习、自主学习，增强运用信息技术分析解决问题能力。加快全民信息技术普及和应用。

构建国家教育管理信息系统。制定学校基础信息管理要求，加快学校管理信息化进程，促进学校管理标准化、规范化。推进政府教育管理信息化，积累基础资料，掌握总体状况，加强动态监测，提高管理效率。整合各级各类教育管理资源，搭建国家教育管理公共服务平台，为宏观决策提供科学依据，为公众提供公共教育信息，不断提高教育管理现代化水平。

教育信息化建设。提高中小学每百名学生拥有计算机台数，为农村中小学班级配备多媒体远程教学设备；建设有效共享、覆盖各级各类教育的国家数字化教学资源库和公共服务平台；基本建成较完备的国家级和省级教育基础信息库以及教育质量、学生流动、资源配置和毕业生就业状况等监测分析系统。

（3）关于民族教育的发展任务

第一，重视和支持民族教育事业。加快民族教育事业发展，对于推动少数民族和民族地区经济社会发展，促进各民族共同团结奋斗、共同繁荣发展，具有重大而深远的意义。要加强对民族教育工作的领导，全面贯彻党的民族政策，切实解决少数民族和民族地区教育事业发展面临的特殊困难和突出问题。在各级各类学校广泛开展民族团结教育。推动党的民族理论和民族政策、国家法律法规进教材、进课堂、进头脑，引导广大师生牢固树立马克思主义祖国观、民族观、宗教观，不断夯实各民族大团结的基础，增强中华民族自豪感和凝聚力。

第二，全面提高少数民族和民族地区教育发展水平。公共教育资源要向民族地区倾斜，中央和地方政府要进一步加大对民族教育的支持力度。

第三，促进民族地区各级各类教育协调发展。巩固民族地区义务教育普及成果，确保适龄儿童少年依法接受义务教育，全面提高普及水平，全面提高教育教学质量。支持边境县和民族自治地方贫困县义务教育学校标准化建设，加强民族地区寄宿制学校建设。加快民族地区高中阶段教育发展，支持教育基础薄弱地区改扩建、新建一批高中阶段学校。大力发展民族地区职业教育，加大对民族地区中等职业教育的支持力度。积极发展民族地区高等教育，支持民族院校加强学科和人才队伍建设，提高办学质量和管理水平，进一步办好高校民族预科班。加大对人口较少民族教育事业的扶持力度。

第四，发展民族教育。巩固民族地区普及九年义务教育成果，支持边境县和民族自治地方贫困县实现义务教育学校标准化；重点扶持和培养一批边疆民族地区紧缺教师人才；加强对民族地区中小学和幼儿园双语教师培养培训；加快民族地区高中阶段教育发展，启动内地中职班，支持教育基础薄弱县改扩建、新建一批普通高中和中等职业学校；支持民族院校建设。

第五，推进义务教育均衡发展。均衡发展是义务教育的战略性任务。建立健全义务教育均衡发展保障机制，推进义务教育学校标准化建设，均衡配置教师、设备、图书、校舍等资源；努力缩小区域差距，加大对革命老区、民族地区、边疆地区、贫困地区义务教育的转移支付力度，鼓励发达地区支援欠发达地区。资助家庭经济困难学生。启动民族地区、贫困地区农村小学生营养改善计划；免除中等职业教育家庭经济困难学生和涉农专业学生学费；把普通高中学生和研究生纳入国家助学体系。

第六，完善投入机制。义务教育全面纳入财政保障范围，实行国务院和地方各级人民政府根据职责共同负担，省、自治区、直辖市人民政府负责统筹落实的投入体制。进一步完善中央财政和地方财政分项目、按比例分担的农村义务教育经费保障机制，提高保障水平。尽快化解农村义务教育学校债务。进一步加大农村、边远贫困地区、民族地区教育投入。中央财政通过加大转移支付，支持农村欠发达地区和民族地区教育事业发展，加强关键领域和薄弱环节，解决突出问题。

2. 教育部教育改革与发展相关政策法规

“十一五”以来，我国教育改革发展成就显著，教育事业发展主要目标全面实现，有力支撑了国家战略目标的实现，为“十二五”时期教育改革发展奠定了坚实基础。教育公平迈出重大步伐，民族地区教育快速发展，城乡和区域教育差距缩小，国家助学制度进一步完善，进城务工人员随迁子女、农村留守儿童、残疾学生受教育权益得到更好保障。教育发展的基础更加坚实，教育投入明显增加，教师队伍建设取得新进展，一大批学校面貌焕然一新。“十二五”时期是全面建设小康社会的关键时期，是深化改革开放、加快转变经济发展方式的攻坚时期。教育改革与发展面临前所未有的机遇和挑战。“十三五”时期是全面建成小康社会决胜阶段。为加快推进教育现代化，依据《中华人民共和国国民经济和社会发展第十三个五年规划纲要》和《国家中长期教育改革和发展规划纲要（2016—2020 年）》（以下简称《教育规划纲要》），制定本规划。

（1）“十三五”以新理念引领教育现代化

“十三五”时期特别是党的十九大以来，按照党中央、国务院决策部署，我国教育改革发展取得了显著成就，社会主义核心价值观教育深入推进，立德树人根本任务有效落实，学生思想道德素质持续向好，教育现代化取得新进展，为促进经济发展、社会和谐、文化繁荣做出重要贡献。

教育总体发展水平进入世界中上行列。九年义务教育全面普及，进入均衡发展新阶段，学前三年毛入园率提前实现《教育规划纲要》2020 年目标，高中阶段教育基本普及，基本公共教育服务体系和现代职业教育体系基本确立，高等教育大众化水平显著提升，继续教育持续发展，全民终身学习的态势初步形成。教育质量稳步提升，我国学生在经济合作与发展组织开展的国际学生评估项目中表现良好，我国成为国际工程联盟本科教育互认协议成员，一批高校和学科世界排名显著提升。

教育公平取得重要进展。城乡和区域教育发展差距进一步缩小，大中城市义务教育阶段“择校热”有所缓解，国家助学制度更加完善，农村义务教育学生营养改善计划深入实施，贫困地区学生的体质健康得到改善，进城务工人员随迁子女、农村留守儿童、残疾学生受教育权利得到更好保障，中西部地区特别是农村学生接受优质高等教育的机会明显增加。

服务经济社会发展能力显著增强。职业学校每年输送近1000万名技术技能人才，开展培训上亿人次。普通本科高校累计输送2000多万名专业人才。高等学校牵头承担了一大批国家重大科学研究任务和重大工程项目，产出了一大批服务国家战略、具有国际影响力的标志性研究成果，技术转移和成果转化成效明显。

教育发展能力显著提升。教育投入实现历史性突破，2012年首次实现国家财政性教育经费占国内生产总值4%的目标，生均拨款制度逐步建立，各级各类学校特别是农村学校办学条件有较大改善，教师队伍素质进一步提高，教育信息化全面推进。教育对外开放水平显著提升，国际影响力稳步增强。教育体制改革取得重要进展，人才培养体制、办学体制、管理体制、评价体制、保障体制改革全面深化，一些重点领域和环节取得突破性进展。考试招生制度改革全面启动，现代教育督导体系进一步完善。

总体来看，《教育规划纲要》确定的阶段性目标如期实现，教育事业发展“十二五”规划圆满收官，我国教育进入提高质量、优化结构、促进公平的新阶段。

（2）推动民族教育加快发展

优先支持民族地区教育发展。提高义务教育普及巩固水平，2015年义务教育巩固率达到90%，少数民族人口青壮年文盲率下降到5%以下。加快民族地区学前教育发展，学前三年毛入园率达到55%，双语地区学前两年教育基本覆盖。以中等职业教育为重点，加快民族地区高中阶段教育普及，在教育基础薄弱的民族地区改扩建、新建一批中等职业学校和普通高中，接收初中毕业未升入普通高中就学的学生进入中等职业学校学习。支持人口较少民族的教育发展。完善对口支援机制，指导和协调各省市加强对口支援教育工作。

积极稳妥推进双语教育。在双语地区建立学前教育和中小学教育相衔接，国家课程为主体，地方课程为补充，师资和教学资源配套，教学模式适应学生学习能力的双语教育体系。加强双语幼儿园、义务教育寄宿学校、双语普通高中建设，根据实际推进各民族学生合校和混班教学。开发双语教育教材、课外读物、多媒体等教学资源，开展教学方法研究。建设一批双语教师培养培训基地，推进民族地区教师教育向培养双语、双师型教师转变。通过增加编制、定向培养、“特岗计划”、对口支援、加强培训等措施加强民族地区双语师资队伍建设，并在绩效工资发放、职务（职称）评聘等方面向双语教师岗位倾斜。建立教学质量评价与督导机制，完善与教学配套的升学考试、就业等政策措施。

加快民族地区人才培养。根据民族地区特点和实际，推广“9+3”中等职业教育模式，在部分地区实行“二一分段”或“3+1”初中职业教育。联合文化、旅游等部门重点支持一批以保护传承民族文化艺术、民间工艺，特别是非物质文化遗产为特色的职业院校和特色专业。扩大高等学校和职业院校面向民族地区招生规模，到2015年普通本专科少数民族学生占全国在校生的比例达到8%。进一步完善内地民族班办学和管理体制，提高民族预科班办学质量。启动实施少数民族高端人才培养计划，继续实施少数民族高层次骨干人才培养计划。积极支持民族地区高等学校和民族院校特色专业建设，培养民族地区留得住、用得上的各类人才。

加强民族团结教育。在各级各类学校广泛深入开展民族团结教育。深入开展形式多样的民族团结主题活动，鼓励内地学校与民族学校开展“结对子”“手拉手”活动。组织修订适合各学段特点的民族团结教育教材。在基础教育和中等职业教育课程中，将基本的民族常识和民族政策作为重要内容，因地制宜地将民族文化和民族团结活动纳入地方课程和综合实践活动中。在高等学校思想政治理论课中，加强马克思主义民族观教育，在民族院校和部分民族地区高等学校开设马克思主义民族理论与政策课程。

（二）教育信息化与民族教育在发展过程中的关系

2010年7月29日，《国家中长期教育改革和发展规划纲要（2010—2020年）》正式印发，这是党中央、国务院推进教育优先发展、建设人力资源强国的又一重大战略举措。规划纲要共二十二章七十条，在第十九章五十九条中指出：“信息技术对教育发展具有革命性影响，必须予以高度重视。”信息技术对教育发展产生的革命性影响，在过去的发展中已经得到印证，特别是对我国少数民族教育、边远地区教育的发展产生了强有力的促进作用，加快了我国民族教育事业的发展。信息技术的功能与作用对推动少数民族和民族地区的经济发展、社会发展，促进各民族共同团结奋斗、共同繁荣也产生了重大作用和深远意义。

1. 信息技术为民族教育带来的变化

2001年6月8日，经国务院同意，教育部印发《关于基础教育课程改革纲要（试行）的通知》，在通知的第二部分“课程结构”中指出：“从小学至高中设置综合实践活动课，并作为必修课程，其内容主要包括：信息技术教育、研究性学习、社区服务与社会实践以及劳动与技术教育。”“在课程的实施过程中，加强信息技术教育，培养学习利用信息技术的意识和能力。”在第四部分“教学过程”中，又指出：“大力推进信息技术在教学过程中的普遍应用，促进信息技术与学科课程的整合，逐步实现教学内容的呈现方式、学生的学习方式、老师的教学方式和师生互动方式的变革，充分发挥信息技术的优势，为学生的学习和发展提供丰富多彩的教育环境和有力的学习工具”。通知要求基础教育课程改革涵盖义务教育和普通高中教育，民族学校的九年义务教育也在其中。

2002年7月26—27日，教育部、国家民委在北京召开第五次全国民族教育工作会议，国务院作出“关于深化改革，加快发展民族教育的决定”，“决定”指出，“大力支持少数民族和西部地区发展现代远程教育，提高这些地区对优质教育资源的共享能力，实现民族教育的跨越式发展”。

我国是一个多民族的国家，民族教育发展程度不仅关系到少数民族的发展，而且关系到整个国家的发展与富强。自信息化社会到来之时，国家和政府对我国民族教育信息化就十分重视。通过对藏民族教育信息化发展的多个课题研究发现，信息技术对促进少数民族教育的发展产生了十分明显的影响，主要表现在以下几个方面。

（1）信息技术带来了新的校园环境

信息化社会的到来，给少数民族教育和民族学校带来的重大变化之一，就是对校园“围城”现象的突破。过去的学校和现在的学校在围墙之内的建构形式，似乎没有什么变化，但是，随着计算机技术、网络技术、多媒体技术进入围墙之内，农村中小学和少数民族学校改变了几百年来知识信息的获取方式和交流方式。自20世纪90年代开始，这种新型的校园环境形式只用了10年的时间，打破了信息封闭几百年的“围城”现象，随着少数民族地区九年义务教育标准化学校的信息化建设，到2010年校园网建设基本实现。网络无国界，知识信息无校界，新型的校园环境促进了少数民族教育的跨越式发展。

（2）信息技术带来了新的教学环境

教育信息化给少数民族教育带来的第二个巨大变化就是新型的教学环境的形成。计算机教室、多媒体教室、微格教室、DVD播放室、地面卫星接收点等教学环境，改变了黑板加粉笔的传统教室。新型教学环境的形成，是对传统教学环境的冲击，也是对传统教学环境的补充。它的到来和形成，提高了教学效率、教学效益和教学效果。

（3）信息技术带来了新型教学资源

教学资源可分为两大类：人力资源和非人力资源。人力资源主要指教师、学生和参与教学的其他人员。非人力资源是指运用在教学过程中的各种载有信息的教学媒体，如教科书、黑板、挂图、教具等，把这些媒体称为传统的教学资源或传统的教学媒体。虽然传统的教学资源在教学中有着非常重要的作用，但不是唯一的资源。随着教育信息化的发展，出现了许多新型的教学资源，如多媒体资源、网络资源、资源库资源、卫星电视资源等多种数字化教学资源。这些数字化教学资源具有传播多种教学信息符号的功能，提高了少数民族教育及学生、教师对数字化教学资源的需求和应用。自 2003 年国务院实施农村中小学现代远程教育工程以来，每一所少数民族农村中小学都有了多种数字化教学光盘，具备了接收卫星电视教学资源的能力和设计、开发、制作少数民族教学资源（如藏、汉双语）的能力。特别是少数民族信息化教学资源对教学过程和学科课程的融入，对优化教学过程、提高教学质量起到了十分重要的作用。

（4）信息技术带来了新的教学方法与手段

信息技术在教育教学中的应用，带来的最大变化莫过于教师教学手段与方法的改变。教学过程是一个知识信息传播的过程，它的传播方式与传播手段直接影响教学的传播质量与传播效果。为了使知识信息得到有效传播，都会采用不同的媒介作为教学信息的载体，如传统的黑板、挂图等。由于不同媒介本身的特性与功能各异，传播者只有很好地掌握传播媒介的特性和性能，运用各种传播手段与方法，才能取得好的教学效果，并总结出成功的教学经验。新教师向老教师学习，在很大程度上是学习他们的教学方法和教学经验。随着信息化社会的到来，教育信息化带来了新的教学媒体、新的教学环境，这些新媒体具备其特有的功能与特性，同传统的教学媒体有着实质性的区别。如果采用对待传统媒体的教学方法与手段，则新媒体根本无法发挥作用，所以针对新媒体，必须改变、改进、改用新的教学方法与手段，才能产生好的教学效果。教育信息化在少数民族地区学校经过近 10 年的推广应用，教师们也接受了多个学习内容的项目培训之后，具备了新的教学理念、新的教学方法和新的教学手段。教学手段与方法的改变，也是在过去的 10 年中信息技术对教育教学产生重大变革的标志之一。

（5）信息技术带来了新的学习方式

有人总结出了传统的学校教育的“三个中心”，即课堂中心、教师中心、教材中心，“三个中心”给学生营造了模仿式的学习氛围和注入式的学习方式。为了能从老师那里得到一桶水里的一碗水，每天都会重复着，在特定的地点、特定的时间去获取特定的知识内容。如果失去了这三个特定，就无从学习。信息技术对教育的有力冲击，带来了新的学习方式。多媒体技术、网络技术、计算机技术给人们创造出了获取知识信息的新途径。不去学校，可以得到同学校一样的学习机会，网络学校、远程学校使学习者享受到学历教育的待遇，在全日制的围墙学校，开放的学习环境使学生可以获得更多的知识信息。网络环境下的资源冲破了“三个中心”对学习的传统定式，知识信息的网络打破了受教育者的年龄限制，使所有的人都能根据自己的需要，有选择地获得知识。过去的学习是一群学生面对一个老师，现在的学习是一个学生坐在电脑前，就像他的身后有无数个专家和老师。所以，信息技术给学习带来的革命，不仅表现在教学方式的改变上，也表现在学习方式上，以及与教育相关的许多概念上。不去学校，同样能接受教育和学历教育；获取知识不只有去学校一种途径；学习不只是年轻人的事情；不必有一定的基础才可以接受高一级教育……这些与教育相关的要素的改变，给所有的社会成员，包括边远地区和少数民族地区的人们，带来了学习的新条件和新机会，最重要的是冲破了多少年来形成的信息封闭的环境，使少数民族地区的学生、教师同发达地区的学生、教师一样，可以共享优质的教育资源。这也是过去10年中信息技术给教育带来的又一巨大贡献。

在过去的10年中，信息技术为教育管理也做出了革命性的贡献。多个管理软件、多种网络技术使行政办公自动化、通知文件电子化、学籍管理网络化、考试考核评卷阅卷电脑化，大大提高了教育管理的现代化水平。这些变化也使教育管理得到了前所未有的发展，特别是信息技术在少数民族教育中的建构与应用，使信息高速公路上也跑起了少数民族语言文字信息，促进了少数民族教育的跨越式发展。

2. 教育信息化必将对民族教育产生革命性影响

"革命"一词，在《现代汉语辞海》中的一条解释是"破坏旧的生产关系，建立新的生产关系，解放生产力，推动社会的发展。"《国家中长期教育改革和发展规划纲要（2010—2020年）》中指出，"信息技术对教育发展具有革命性影响"。从革命的角度看，信息技术对教育产生的影响，必将产生新的教育理念、新的教与学关系、与教育相关的多个要素，产生推动社会发展、教育发展的作用，这种作用也同样使我国少数民族教育发生变化。

（1）使人们的教育思想、教育观念发生了变化

思想观念是指挥行为的舵手，也是影响一个人、一个单位发展的关键因素。信息技术对民族教育思想观念的影响之一，是使人们树立了新的教育观，看到了传统教育与现代教育的区别。新媒体的出现、新教学环境的出现、新的知识信息传播形式的出现，改变了人们的学习方式与教学方式，改变了教师的教学方式和教学手段，改变了几百年来传统教育的许多概念。当今的教育发展中，信息技术为自我教育、全民教育、继续教育、终身教育提供了条件，使人们对教育产生了全新的认识。其二是人们树立了新的学校观。除了围墙学校之外，还出现了多种新型的学校形式，如远程学校、网络学校、空中学校等等。这些新型的学校形式，不仅可以开展学历教育，还给人们提供了一种接受非学历教育的新形式，改变了人们对学校概念及构成要素的认识。同是一个年级、一个班级的同学，可以不在一个传统班级里学习，

同学们分布在四面八方；同是一个老师授课，但老师和学生的互动是在一种新型的环境下；同是学习讨论，同是学习考核，同是完成作业，但完全是在一种全新的学习环境中进行。这种新型的学校形式，为民族教育、民族师资培训和职后教育做出了新的贡献。由于人们教育思想观念的转变，使这种新的教育形式得以推广，并使人们积极参与，为民族教育发展产生巨大的推动作用。

（2）使教材的概念和教材的形式发生了变化

第一，教材是以书本的形式呈现的文字材料，这种对教材的认识融入教育几百年，从手抄本开始就有了。随着教育的发展，自电化教育开始，就有了新的教材形式和新的教材概念。在教材的家庭中出现了许多新成员，如录像带教材、录音带教材、DVD 光盘教材、幻灯教材、资源库教材和网络课程教材等等。由于这些教材的形式不同，它们对知识信息的存储方式和对不同信息符号的存储要求也发生了变化。比如，书本教材只能记录和存储文字信息符号，录像带教材却能记录模拟图像和声音信息符号，DVD 和数据卡及网络教材等能存储数字化格式的图像、声音、文字、动画等多种信息符号和少数民族语言文字符号信息。第二，教材中的新成员出现之后，由于它们各自的特有功能，改变了人们获取知识信息的方式，提高了知识信息传播的效果与效益。新的教材形式能解决传统教材、传统教学无法解决的问题，图文并茂、声画同步的传播效果，深化了教学内容，优化了教学的全过程，提高了教学质量。特别是在少数民族教学中的运用，使边远和民族地区的孩子们，身处大山、草原深处能看到北京、上海等国内国外的美丽景象，能听到、看到全国的优秀老师和专家授课，这些变化对少数民族教育产生了革命性的影响。

（3）使教学环境发生了变化

教学环境是构成教学活动的场地。在教学环境中除了教师与学生之外，还有其他教学资源与设施，如黑板、讲桌和课桌椅等，把这些设备构成的教学环境称为传统教学环境。随着信息技术在教学环境中的运用，使传统教学环境发生了巨大的变化。除了原有的设施外，又增加了一大批现代教学媒体，如电子白板、计算机、投影机、银幕、DVD 机及网络设备等；除了在原有教室里增加新的教学媒体外，又产生了超越传统教室的新教学环境，如多媒体教室、计算机教室、微格教室、远程学习教室和网络教室等。这些新的教学环境，使教与学活动从封闭走向开放，从校内走向校外，使传统教学环境中出现了第二个画面——银幕（第一个是黑板），出现了第三个声音——录音机的声音、电视机声音及其他电子设备发出的声音。

（三）教育信息化与民族教育发展中存在的问题及启示

信息化改变了人们的工作方式、生活方式和学习方式，促进了工作效率和效益、工作质量、学习效率、学习效益、学习质量的提高，使人们感受到了前所未有的变革，也促进了各民族人民的平等和友好交往。在变革与发展中，如何促进民族的信息化和教育信息化的建设与发展，使之与内地和发达地区的差距缩小，是衡量民族信息化发展的标准之一。虽然近年来党和政府对我国少数民族教育信息化给予了极大的重视，投入巨额资金建网、建库、建队伍，但由于地域特点和少数民族的民族特殊性，在建设与应用方面、投入与效益方面、网络建设与资源建设方面、观念与需求方面及民族信息化人才培养方面，还存在许多需要深入研究与解决的问题。同时，在少数民族教育信息化建设的这10多年里，在建设、应用、评估到再建设、再评估、再投入的循环过程中，有成功的经验，也有失败的经历和启示，但总体来看是在发展和前进。

1. 现阶段民族教育信息化存在的问题

（1）民族教育信息化网络与资源建设不同步

民族教育信息化网络与资源建设不同步是影响少数民族教育信息化发展的一个很重要的原因。在内地和经济发达地区的信息化建设中，就曾经出现这个问题。在信息化的网络建设中，投入很大，规划很到位，机构设置很完整，主干网、支线网、地网、天网、出口、入口、机房、计算机数量等方面都做得比较到位；而当网络建成之后，能够在网络高速公路上跑的“车”却很少，在实际教学应用和信息技术与学科课程整合中，缺少整合所需要的资源。现在这一问题在少数民族地区的信息化建设中也同样存在，而且比内地更严重。在网络建设完成初期，就出现了民族语言字库建设和语言软件的开发及与其相关的各种软件的研制工作不到位的问题，使少数民族信息化建设比内地和发达地区推迟了好几年。另外，少数民族方言区的形成，也会造成资源建设与实际应用上的不对称。我国藏民族基本分布在西藏、青海、甘肃、四川与云南五个省区。就语言来说（文字是相同的），分为卫藏方言、安多方言和康巴方言三个语区，三个语区之间的语言交流也很难听清听懂。所以在民族资源建设中，如何协调、解决这些问题，也是教育信息化提高教育教学效果的一个重要的方面。

（2）民族教育信息化网络与师资建设不同步

在教育信息化建设过程中，硬件配备、环境建设应该先行一步，不同的学校根据其不同的教学环境、建设与设备的配备情况，确定老师应该掌握哪些操作技能。对于国家来说，比较大的投入项目都是要预先做出规划的，这种提前量最少在一年以上。特别对边远地区、民族地区、西部地区来说，这种提前量还要长一些。同时，也有许多地区和学校，尤其是被列为规划建设之中的项目学校，对教师的培训是超前的，他们进行队伍建设的提前量是在设备到来之前的3—6个月，这样的培训效果一定很好。

（3）民族教育信息化网络与网站建设不合拍

教育信息化建设中的网络建设，目的在于网络应用，如同建设高速公路一样，不仅能跑各种车，而且能提高运输速度、运输效率与效益。在人们的社会活动中，对信息的交流虽然还有其他形式的“公路”可走，但信息高速公路的优势就在于速度快、交流无障碍、人人都可平等地在网络上获取信息、进行交流。在中国政府网访谈室与网友就教育改革、医疗卫生改革、灾区重建、反腐倡廉等问题进行在线交流，民意在网络上聚集，心灵在网络上交汇，网友发帖提问，还有数万手机用户发出短信。这种畅通无阻、平等的交流，被人们称为亲民的“炉边谈话”。网络进一步拉近了群众与官员的沟通距离，而这些只有在信息时代的高速公路上才能够实现。这种畅通无阻的网上交流，在少数民族地区却只能部分实现。网络建设是畅通的，但只能跑一种“车”，利用汉语言、汉文字交流无障碍，而其他语言符号则无法通行。在少数民族地区手机、电视很受欢迎，因为通过它们能够实现信息交流的对称，少数民族同胞可以通过电视看到本民族语言的节目。使用网络少且应用不好，是由于传播与接收的不对称。一些藏族同胞想上网了解国家政策与信息，会使用汉语的就可以进入政府网站，不会的则无法进行交流。研究者在藏族地区考察时发现一些藏族中小学老师想上网查询教学信息，但由于没有藏文字资源库而无法实现。这种网络与网站的不合拍也是影响少数民族教育信息化发展的一个重要原因。

信息的功能之一就是识别，只有人们能够对信息符号进行熟练的识别，信息才可能得到传播；只有在信息的广泛流动过程中，才能产生信息效益和社会影响，以促进经济与各项事业的发展。例如，一项农牧业科学技术（如大棚技术、太阳能技术、育羊技术等）只有在广泛的推广之下，得到充分的利用，才有可能产生经济效益。在信息传播过程中，如果接收者对信息符号（可能是文字、语言、图像符号）不能识别，虽然完成了传播过程，也符合传播的构成要素，但没有产生传播作用而不被接收者所接收，那么这种信息传播就是无效果传播。若要产生效果，有两种办法：①改变传播的信息符号，针对不同的对象，同一信息转换成不同的信息符号，以适应不同接收者的需求；②不改变信息源符号，而是要求接收者改变自己对信息符号的适应，重新学习、掌握新的语言与文字符号。如果所有的信息传播（学习、生活、交流等）都要求民众这样去做，那么会造成懂一种语言、文字的人增多，懂小语种的人越来越少，这样就可能会加剧某些语言、文字的消失与濒危。信息化改变了教学方式和学习方式，传统的教与学在教室里，一个教师面对许多学生，无数个学生要获得知识信息，只有共同面对这一个教师，在特定时间内，学生只能获得同一个知识。网络环境下的学习中，一名学生的身后有无数个“专家”可供挑选，有无数个图书馆可供选择。所以在信息时代，要开发既有语言也有文字的少数民族资源，供学习者在网上学习。

我国有120多种少数民族语言，使用人口约6000万人（占少数民族总人口的50%），其中超过90%的少数民族同胞使用蒙古、藏、维吾尔、壮、苗、彝等几种语言。联合国教科文组织提出了一套评估语言活力和语言濒危程度的指标，如果按这套指标衡量，我国确实有一定数量的语言已经趋于濒危甚至消亡的境地。联合国教科文组织在2001年通过《世界文化多样性宣言》，确认了生物多样性、文化多样性和语言多样性的相互关系，将这种关系上升为生命多样性的构成内涵，语言遗产也是人类非物质文化遗产的重要组成部分，要努力保护。

2. 民族教育信息化发展的启示

（1）困难与发展的启示

通过对少数民族教育信息化建设过程中一些问题的了解与思考，特别是对藏民族地区教育信息化工作的调研，研究者看到，近年来各级政府对民族地区的信息化建设与发展非常重视，有些地区的经费投入大于内地的投入，也采取了多种措施促进发展，如设立项目、专项投资、对口支持等。

（2）观念与需求的启示

一位教育系统的领导干部给研究者讲了这样一件事：在他的家乡藏民族生活区，牛羊就是牧民的家产，根据春、夏、秋、冬草场的生长情况要不断转场进行放牧，有时候将几百头牛羊转场至草原深处，搭帐篷生活几个月，非常寂寞。牧民们就带一台收音机，打开接收开关调遍频道，只能收到一个频道，还是近处的，地方电台和中央广播电台的频率根本接收不到。牧民们为了方便收听，干脆用胶布将其固定，一打开电源，不用调台就能听到。现在牧区的广播频率、电视频道效果很好，方便了农牧民的信息需求。说明对信息的需求是人的本能。无论是哪个民族、哪个国家的人民，要生存、要发展、要交流都会对信息和知识产生需求。每个人获得信息的条件与基础不同，决定了其获取信息的方式与方法也不同。有的人可能是全方位地获取文字、图像、声音等信息符号，有的人只能识别图像与声音信息符号，而对文字符号不识别，这就是平常说的没有文化基础的人（文盲）。当一个人具有某种信息符号的识别能力，而无法获取信息通道时，将会产生生活在真空地带的感觉。生活在边远和少数民族地区的人们很想了解外面的世界，很想改善自己的生存、生活、劳动条件，很想学习、引进新的科学技术，但由于多种原因，信息通道不畅通影响了少数民族地区的社会发展。在信息时代，加快少数民族地区的信息网络建设、民族资源建设是促进少数民族经济发展，提高生活水平和人口素质的重要保障。少数民族地区现代远程教育工程的实施，既促进了民族地区中小学的教育信息化建设，又为少数民族地区与内地、沿海等经济发达地区搭建了一条信息高速公路。

（3）“做”与“等”的启示

学校有两间计算机教室，一间为微软公司赠送，一间为农村中小学现代远程教育工程项目。学校组织教师将网上下载、卫星接收等途径获得的教育教学资源译成藏文，在县政府的指导下，分别为五个方面的对象服务：中小学教师培训、农牧民培训、职业技术教育、当地驻军和政府机关培训。学校将下载的农牧科技新知识译成藏文发给参加培训的农牧民学员，收到了非常好的效果。该校在拉萨市电教馆的支持下，准备建一个教育教学网站，凡是在学校具备访问该校网站能力的，都能使用他们开发、译制的教学资源。

（4）老办法新用途的启示

这些年来，研究团队在关注农村中小学现代远程教育工程在藏族地区实施的过程中，做的很重要的一件事，就是如何充分发挥农远工程模式一（DVD 播放系统）的教学应用功能。国家对模式一播放设备的配备投入最大，配发到了全国 11 万个农村小学教学点。农村小学教学点是我国小学教学中条件最差、人数最少、师资较弱、相对偏僻的学校，有的学校甚至只有几名学生、一名教师，师资力量相对偏低。在少数民族地区，这一类学校的师资力量更弱。农远工程在我国大面积实施之后，模式一学校的使用率也很低，不是这些学校的老师不愿用、不会用，最主要的原因是手头没有真正能用在教学中的民族教学光盘。在藏族地区这一问题更为突出，研究团队发现这些问题，看到藏族教师对新资源的需要和强烈渴望，组织人力、设备，用 20 世纪 90 年代拍摄教学电视片的那些老办法，将藏族地区州、县中小学中藏汉双语优秀教师的课堂教学进行实况摄制，再进行后期编辑之后，大量复制配发至藏族农牧区小学教学点。这些资源不仅帮助教师开展教学，更受到学生们的欢迎。这些草原深处的小学生在现代远程教育设备的支持下，享受到了特级教师、优秀教师的“面授”。

（四）民族教育信息化未来发展与变革

1. 民族教育信息化未来发展要求

2010 年 7 月 29 日发布的《国家中长期教育改革和发展规划纲要（2010—2020 年）》，是对未来 10 年我国教育改革与发展的总体部署，确立了到 2020 年我国教育改革与发展的战略目标、工作方针、总体任务和改革思路。关于民族教育的第九章，对于加快民族教育事业发展，推动少数民族和民族地区经济社会发展，促进各民族共同团结奋斗、共同繁荣发展，具有重大而深远的意义。其中指出："支持民族地区发展现代远程教育，扩大优质教育资源覆盖面"。在第十九章"加快教育信息化进程"中提出的三节工作任务，是对全国包括少数民族地区在内的教育信息化建设与发展的总体要求。这些工作要求与建设目标就是民族教育未来10年发展教育信息化的总体任务。

（1）加快民族教育信息基础设施建设

构建先进、高效、实用的数字化教育基础设施，是加快民族教育信息化的基础条件，教育信息化基础设施建设，也是2010—2020年这10年中，国家中长期教育改革和发展中加快教育信息化进程的首要任务。

①今后10年要加快形成覆盖民族地区城乡各级各类学校的教育信息化体系。这个体系包括人的思想观念的更新与转变，教学内容、教学手段和方法的改进，使少数民族地区教育的信息化与信息化社会完全融合，使教育信息化真正成为提高教学效率、教学效益和教学效果的思想体系、方法体系和工作体系。进一步提高民族学校的信息化传播程度，形成天网、地网相结合的开放性教学环境，拥有多种信息化教学资源，使其成为提高教学和各个学科教学质量的资源体系，缩小少数民族地区城乡学校与发达地区学校的教育信息化差距。无论是什么层次、什么性质、什么类别的学校教育，教育信息化程度是相同的，只有这样才有可能在教育教学资源的获得上实现公平，做到均衡发展，真正做到优质教学资源的共享。

②构建先进、高效、实用的数字化教育基础设施是发展民族教育信息化的科学之路，是建设具有中国特色民族教育信息化的正确选择。数字化教育基础设施建设首先应该考虑是否运用了先进技术，这里指的先进技术不是指一种技术、一种设备，而是指根据不同地域、不同层次、不同类别的学校去构建高效、实用的基础设施。有的数字化教学设施对大学、中学、小学和民族学校都适用，但有些设施在大学适用，在小学就可能造成浪费。所以，在今后建构民族地区数字化教育教学设施中，不仅要考虑先进性，更应该考虑实用性，考虑在教学过程中的高效性。如国家实施的农村中小学现代远程教育工程，构建了DVD播放点、地面卫星接收站和计算机教室三种模式。这三种模式适应于中国农村学校和民族地区学校的教育信息化建设。用《国家中长期教育改革和发展规划纲要（2010—2020年）》来规划2010—2020年少数民族的教育信息化建设，其中如何发展，如何提高，如何处理好先进与高效、实用的关系，城市学校和农村学校、普通学校与民族学校应该有哪些相同、哪些区别，都是值得重点关注的问题。数字化校园建设如何解决好多种方式接入互联网，如何解决好信

息系统互联互通，农村中小学现代远程教育工程的下一步发展如何设计新模式，如何实现班班通、堂堂用，是一个概念下的“通与用”还是几个方案下的“通与用”，都需要去认真研究，解决好这些关键问题。

（2）加强教育资源的开发与应用

信息技术为教育发展带来了变革，特别是构建了新的教学环境，提供了新型的信息化教学工具。多媒体教室、计算机教室、远程教学系统、网络教学系统，以及虚拟实验教学系统的建成，都为各级各类教育和学校教育包括民族教育带来了全新的变化。新技术的教育应用，必须有丰富的软件资源作支撑才能发挥其巨大的作用与效益，就像汽车，只有两个轮子同时转动，驾驶员灵活操作，才能快速前进。只有硬件建设的基础设施，没有很好的软件配合，硬件设备的投入将无法很好地发挥作用。所以，重视加强优质教育资源的开发与应用，是加速未来 10 年教育信息化进程的又一重要环节。

民族教育信息化资源建设，在普通类型资源建设的基础上，应该创建出自己的特色，重点要解决的资源建设包括：

①构建网络教学资源体系，特别是民族资源和教学资源的建设。目前民族教育中最缺的就是民族网络教学资源和与其相关的非学历民族语言、文字类资源信息。这类网络资源的建设不仅能促进民族教育的发展，而且有利于传播党和政府的方针政策，促进农牧科技知识的推广应用。

②开发网络课程也是促进民族教育的新任务。网络课程是一种新型的课程形式，它的建构不仅改变了传统的教学形式，同时也改变了学生的学习方式，对深化民族课程教学内容将会产生极强的促进作用。这种课程形式除了能起到传统课程的教学功能之外，也给学习者提供了方便的自主学习条件。网络课程的开发重点应放在高等院校职业技术教育和高中阶段的教育中。

③创建虚拟实验教学系统也是提高信息化教学质量的重要手段。由于国家实施的农村中小学现代远程教育工程给农村中学带来了信息化教学环境，许多民族中小学建设了多媒体教室和计算机教室。这种新技术、新环境的形成，对提升、改变传统的实验教学提供了有利的条件。建立虚拟实验室，利用信息化方式开展仿真实验教学，能够成倍地提高实验教学的质量与效率，在创建虚拟实验室的同时，更要注重实验教学软件的设计与开发，做到同步建设、同步应用。

（3）强化信息技术应用，提高教师用信息技术的水平

信息技术的教育应用，增大了教育的经费投入，它是传统教育设施、设备、资源投入的几十倍、几百倍。加大教育投入的目的在于提高教育的办学水平，使教育

投入与教育质量的产出成正比。设备的投入只要有钱就可以办到，但这种非人力资源只有在人的作用下才能产生效益。所以，在今后10年中，教师、学生和民众的教育信息化应用程度，决定着教育信息化功能与作用的发挥和教育成本效益的获取。

第一，教师是教育信息化的第一责任人。提高教师应用信息技术的水平主要体现在观念、方法和效果上。环境的改变，新媒体、新技术、新资源的形成与教师的教学观念的转变与提升，必须同步发展，只有更新了教学观念才不会造成“穿新鞋走老路”的结果。

第二，进一步改进教学方法与手段。方法与手段对任何工作都显得非常重要，同样的事情，不同的人去操作会产生不同的效果，信息技术的教育应用也同样会出现这种情况。除了规律性的技术方法与技术手段之外，在今后的10年中，还应该重点培养教师个性化教学方法与手段，总结出好的经验模式加以推广。

第三，教育信息化的最终目的是为了提高教学效果，教学效果的衡量标准应该体现在教学效率、教学效益和教学质量的提高上。教育信息化是在同等条件下、同一时间内，使学生学得多、学得快、学得好，使更多的人受到教育。

鼓励学生利用信息手段主动学习、自主学习，增强运用信息技术分析、解决问题的能力，加快全民信息技术普及与应用能力，也是加快教育信息化进程的未来工作。教育信息化的功能之一就是为学生创建了利用信息技术手段进行主动学习、自主学习的条件，培养学生创新思维能力的发展。这个目标的完成，必须在学校和家庭这两个主要活动环境中，为学生提供比较完善的条件。其次，学校要在信息技术课程和其他学科教学中，教会学生如何利用信息技术手段去主动学习、自主学习及分析、解决问题，要把这一环节融入教师的课程教学之中，这也是未来教学中教师需要承担的一项新任务。

全民具备信息技术的应用能力，对全民学习、终身学习的学习型社会能够形成起着十分重要的作用。信息技术是民族教育信息化、国家教育信息化、社会信息化的重要组成部分，是提升少数民族人口素质的重要途径，有利于促进人力资源强国的建设步伐，必须得到重视。《国家中长期教育改革和发展规划纲要（2010—2020年）》第二十七节中指出：“支持民族地区发展现代远程教育，扩大优质教育资源覆盖面。”由于有些少数民族同胞生活在海拔高、人口居住相对分散的地域，对这些地区的民众开展教育、传播科技知识就应该因地制宜，寻求新的教育途径与手段。运用现代远程教育扩大优质教育资源的覆盖面，是促进民族教育发展的最好选择。运用现代远程教育进一步探讨民族师资培训的有效途径与方法，加快少数民族师资队伍建设，也是一项非常重要的工作任务。在未来的10年中，在远程教育条件下，使少数民族教师获得优质资源，在知识结构、学历水平、思想观念、教学方法等方面能够得到较大程度的提升，建设一支稳定的、高水平、高素质的民族教师队伍。

（4）构建民族教育管理信息系统，制定基础信息管理标准

民族教育管理信息系统是构建国家教育管理信息系统的重要组成部分。这个系统的创建与运行，是未来10年加快民族教育信息化进程的重要标志，而且关系到民族教育的发展与变化。没有高效能、高标准、高质量的教育信息化管理系统，会影响整个民族教育现代化的实现。所以，必须加快制定符合中国实际的、适合民族教育需求的基础教育信息管理标准，加快各级各类学校教育信息化进程，在参照发达地区学校经验的基础上，实现具有民族特色的学校管理的标准化和规范化。同时还需要推进民族地区政府教育管理信息化进程，提高管理的效率与质量，整合本地区、本民族各级各类教育管理资源，为搭建国家教育管理公共服务平台做贡献。

民族教育信息化是国家教育信息化的重要组成部分。由于民族教育的特殊性，其教育信息化的建设与发展，应该得到党和政府及全国人民的共同关心、重视与支持。因为民族教育事业的发展，对于推动少数民族和民族地区经济社会发展，促进各民族共同团结奋斗、共同繁荣发展，具有重大而深远的意义。

2．“三通两平台”工程与教育信息化建设

（1）推动“优质资源班班通”，加快内容建设与共享

加强软件开发，把更多更好的优质教育资源挖掘出来并实时更新，是教育信息化的关键环节。2014—2015年两年围绕开足开好国家规定课程，重点启动“三个课堂”建设，使全国50%以上中小学实现“班班通”。一是“专递课堂”，针对中西部和边远贫困地区缺少师资、开不齐课的问题，集中力量开发音乐、美术、英语、科学等短缺课程，开发民族教学急需课程，开发职业教育新设专业课程。特别要为全国几万个教学点配备视频接收播放设备和优质资源，逐步实现教学点数字教育资源全覆盖，并以县为单位逐步开设同步课堂。比如，四川省探索了城乡学校利用网络“同时备课、同时授课、同时作业、同时考试”。二是“名师课堂”，主要是发挥名师示范带动作用，利用智能学习系统诊断、导学等方式，提高广大教师的教学水平和学生自主学习能力。比如，浙江省2008年开始建设“特级教师工作室”，已建成30个。三是“名校网络课堂”，主要是以名校开设网络学校、网络选修课等方式，推动优质资源在全国快速共享，帮助更多的学校提高教育质量。要创新资源建设和配置方式，探索“竞争提供、政府准入、自主选择”的新机制，形成企业、学校、社会组织优势互补的格局。要重视网络教材的教学方法创新，根据课堂教学的反馈，通过链接互动手段，采用短片、解释等方法，满足学生的互动需求，提高网络教学

质量。要力争用三年时间，初步建立起丰富多样的优质数字资源，并输送到全国，让那些地处偏远、生活贫困的孩子也能共享共用。

（2）推动“网络学习空间人人通”，促进教学方式与学习方式的变革

为师生建立个人网络学习空间，体现了教育信息化未来发展的方向。2014—2015年把网络学习空间从60万个提高到600万个，力争用5年左右时间使所有教师和初中以上学生都拥有实名的网络学习空间，促进教与学、教与教、学与学的全面互动，努力在网络学习空间建设与应用方面走在世界前列。要按照“三个率先”原则启动实施，逐步覆盖全部师生。一是教师率先使用。重点是推动中小学与中职教师教研空间建设，让教师先用、会用。二是职业教育率先部署。近年来信息技术在打造开放、互动、透明、安全的职业教育教学新模式方面发挥了很大作用。湖南不到两年建设了职业教育师生个人网络学习空间50多万个。各地应总结经验，加快建设步伐，创新仿真实训模式，增强实践教学能力。三是发达地区率先示范。发达地区要利用雄厚的经济基础和完善的基础设施先行先试，在大学和初高中探索新的学习方式。

（3）建设教育资源和管理两大“公共服务平台”，为教育信息化提供坚实支撑

资源平台和管理平台是教育信息化的两大支柱。资源公共服务平台作为最重要的载体，直接影响教育资源的汇聚共享、建设与应用的衔接。特别是利用云计算模式可以最大限度实现集约共享，推动资源建设与使用良性互动。为此，要抓紧建设教育网络资源中心，充分利用大型电信企业提供的计算与存储服务，形成面向师生、面向社会的资源服务云模式。教育部、科技部等要抓紧完成平台建设的总体设计，选择若干省份开展试点，尽快正式启动上线服务。还要全面建设开放大学数字化课程体系，开展网络学“分银行”试点，形成每年为3000万人次提供继续教育的能力。教育管理公共服务平台建设已有一定基础。2009年实施的“教育服务与监管体系信息化建设项目”，是管理平台的先导性工程，初步建立了中央级学生资助、校舍安全、经费监管等业务信息系统，但还存在着系统和数据分散、采集困难、信息交换不畅等问题。要重点建设国家和省两级数据中心，逐步实现学生、教师和学校资产等信息入库。要强化系统建设和实际应用，把重点业务管理系统从目前的10个增加到20个以上，特别要在完善标准、互接互认的基础上，把学籍、教师、校舍、营养餐等方面的管理系统整合起来，提高管理效率，加快教育管理现代化。需要强调的是，推进教育信息化必须加强管理，特别是在互联互通、统一标准、使用方便、运行维护、网络安全等方面，实现科学化、精细化管理，以提高整个系统的效率。

（4）加强队伍建设，支撑教育信息化可持续发展

教育信息化是一项新生事物，懂行会用的人还不多。必须把人才建设放在突出

位置，造就一支业务精湛、结构合理的人才队伍。要继续以中小学和职业院校教师为重点，加强对教师信息技术应用能力的培训，培养信息化教学的习惯和素养，同时制定相关标准，将教育技术能力纳入教师资格认证体系，保证新任教师具备相应的信息技术能力。要抓紧制定教育信息化专业人员评聘办法，提高岗位待遇，增强吸引力。加大对相关学科的支持力度，鼓励相关专业毕业生到基层和学校从事教育信息化工作。要增强教育管理人员的信息化规划、统筹、协调和执行能力，以高素质人才队伍支撑教育信息化高水平开展。

第二节　民族教育信息化的资源发展取向

完成农村中小学现代远程教育工程硬件设施建设后，接下来的主要工作是开发民族基础教育信息化资源。这里主要从建设、共享和应用三个层面来论述民族基础教育信息化资源发展。

一、民族基础教育信息化资源的建设策略

（一）对现成教育资源的获取

现成的教育资源是指已经开发成型的、不需要进行再加工而能够直接在教育中应用的资源。当地学校在西部藏民族基础教育信息化教学资源建设过程中，一方面从市场购买已出版的教学光盘、录音带和录像带等形式的资源；另一方面从中央、省、市教育资源中心通过天网、地网下载资源；另外，藏民族地区的中小学校直接接收农村中小学现代远程教育工程配发的教学资源。以上三种途径是当前西部藏民族地区中小学校获取信息化教学资源的主要途径。购买的、下载的和配发的信息化教学资源都是各级各地教育行政主管部门组织的具有较高开发水平、研究水平、教学水平的老师和专门人员开发和制作的，一般来说质量都比较高。但是要使这类资源能有效应用于课堂教学并发挥教学功能和作用，能提高课堂教学效果和效率，需要教师和资源管理人员两方面的努力。首先，教师要做到信息资源与学科教学的深度整合，使其充分发挥资源优势。其次，中小学校的资源管理人员通过下载、购买或配发方式得到资源之后，一定要归类、分科进行管理，为学科教师使用资源创造条件、提供方便，不可有之、放之、锁之。

（二）对现成教育资源的改进或再加工

改进资源是指对从不同渠道获取的信息化教学资源，结合学科教学的需要自行

改进、重新设计、制作后的资源。由于每位教师的教学方法不同，对书本信息资源的重点、难点的理解各不相同，在利用信息化教学资源对教学内容进行深化的过程与方式上也有所不同。教师在获得了信息化教学资源之后会根据自己的理解和需要进行改进，这个时候他们会将原成品当作素材进行再加工。这种加工可能会选用原成品的一部分作为素材，成为自己制作的新资源，也可能将自己获得的素材融入原成品中进一步按照自己的思想进行完善。这一类的改进资源在中小学中还是比较多的，把这种资源称为培植性资源。这种改进资源的最大优势是把一个原始资源提供给更多的教师使用，这些教师再结合自己的需要进行再培植、再改进，就会产生出无数的新资源。好的优质信息化教学资源软件，不仅可直接供教学中共享，更重要的是还可支持教师对新资源的培植，一个原始资源能生产出无数新资源。

（三）开发原创性教育资源

少数民族地区中小学校要特别重视原创性信息化教学资源的开发。原创性教育资源是指根据学科教学需要和学校教育信息化建设水平而自行设计、制作的教学资源。这类资源在发达地区的学校使用比较多，由于它能代表教师的教学思想，体现教育活动的个性特征，所以自行设计、制作的资源可充分融入教师的教学理念，能够真正起到深化教学内容、优化教学过程的作用。但是，开发原创性信息化教学资源必须具备一定的条件和基础才能实现，如，中小学校应该为教师提供能够开发多媒体资源的设备和条件，同时教师要具备开发原创性资源的基础与能力。在西部少数民族地区特别是藏民族地区还有相当一部分学校不具备这样的条件。因此，要建立一种城乡互动的信息化教学资源建设模式和机制，才能确保开发出符合本地教学要求的原创性优质信息化教学资源。

二、民族基础教育信息化资源的共享策略

人具有分离的视觉信息加工系统和听觉信息加工系统，解决迁移是学习迁移的热点。如果在接收文字信息的同时，又接收相应的画面和声音信息，有助于获取信息和对知识的理解与巩固，将这种现象称为“信息迁移”。教育信息化中，关注多媒体教学资源的设计、开发与应用有助于教学目标的实现。优质的东西，之所以人人都喜欢，是因为它与其他同类相比较，产生的效益不一样。优质的信息化教学资源，应该让更多的传播者和学习者应用、共享。教育资源同其他资源一样，不交流、不使用就会失去活化的土壤，没有多长时间就会失去价值。一个优质资源如果只能传播到一个人、一所学校，那么它的效益比是 1 ： 1；如果能够传播到 100 个人，那么它的效益比就是 1 ： 100。

教育信息化进程中所涉及的教育资源，基本由四大类型组成：（1）教育人力资源，是指凝聚在教师、学生和其他人员身上的知识、技能及其所表现出来的能量；（2）教育环境资源，包括构成现代化教学环境的硬件，以及支持其运行的各类软件；（3）教育信息资源，指支持教学环境下的各类教学信息载体；（4）学习资源，指供学习者学习的同步与异步知识信息等。

优质教育资源能够做到共享，不仅可以克服硬件及环境资源的浪费，克服低水平的重复开发，又可促进教育公平。如何在新的教育教学环境下，使优质资源得到共享，首先需要解决的问题是寻求共享途径和方法。为此，提出以下共享途径与方法。

（一）点对点途径

笔者有一次在甘南藏族自治州一所藏族中学看到，该校老师正在计算机网络教室接收北京大学附属中学的实况教学节目。校长介绍，该校为北京大学附属中学的对口远程教学支援学校，每周在规定时间内通过卫星接收北京大学附属中学的实况教学节目和其他教学资源。这一点对点的形式，以北京大学附属中学为中心点，面对西部地区各省的许多接收点。这种一点对多点的形式是优质资源共享的好方法和好途径。

（二）人对网途径

网络资源的丰富性可以给学习者带来广泛的学习机会。资源库能够为学习者提供极为丰富的学习资源，学习者和教师只要掌握一定的信息获取技能，就可以通过各种网上检索机制获取自己需要的资源。这一途径的关键在于学习者要掌握获取网上资源的方法与技术。

（三）光盘播放点途径

教育教学软件资源包括教育、教学信息的盘（光盘）、片、带（录音带、录像带）等。对于中西部地区特别是边远地区和贫困地区而言，应该因地制宜，有什么条件就开展什么工作，以优化教学内容和提高教学效益为目的。在一所学校建立 VCD、DVD 光盘播放点，就是很好的优质教学资源共享的方法与途径。一张光盘、一盘录像带就是一个丰富的优质资源库，不但可以长期保存，还方便使用。

（四）协作交流途径

建立地域性教学媒体设计、开发、交流协作组织是资源共享的好途径。将同一学科的系列教材的开发任务分散到协作组的各所学校，完成后集中组合、资源共有，从而改变各自为政、各自开发、重复制作、互不交流，造成人力、财力、物力极大浪费的资源设计和开发方式。通过这种协作交流的方式，能够在短时间内开发和建设共同需要的教育资源，为资源共享提供了新的途径。

三、民族基础教育信息化资源的应用策略

（一）结合“三种模式”，建立相应的资源教学应用模式

必须坚持“统筹规划，分工合作，统一标准，共建共享，科学管理”和“以资源建设为重点，边建设、边应用、逐步完善，软件、硬件协调发展”的原则，坚持从实际出发，以应用促建设，以需求促发展的策略。

1. 基于“模式一”的资源教学应用模式

在农远工程试点项目的三种模式中，教学光盘播放是一种重要的远程教育形式。“模式一”光盘播放点中包括三种形式：同步课堂实录、专题讲座实录和教育教学类专题节目，这三种形式最适合农村小学教学点。然而，有很多教师在使用教学光盘的时候，不能针对学习者特征和教学内容选择教学模式，影响了教学效果。如何充分运用“模式一”的优质教育资源，解决农村教学点、农村村级小学、农村学校师资力量不足或师资力量薄弱的问题，开阔学生视野，提高教育质量和效果，是农远工程的重要内容。各地在运用和研究“模式一”的过程中，形成并总结了一些教学模式和方法。根据光盘资源的技术与功能特征，以及使用方法，主要有直播教学、模范对话教学、情境互动教学和资源整合教学四种基于光盘资源的教学应用模式。

2. 基于“模式二”的资源教学应用模式

农远工程提供的卫星教育资源具有优质、开放、动态和多样化的特点。卫星教育资源在课堂教学过程中的应用主要有三种教学模式：卫星资源直播教学模式（直播式）、卫星资源整合教学模式（整合式）、卫星资源多重组合教学模式（多重组合式）。

3. 基于“模式三”的资源教学应用模式

目前，网络环境下的教学活动在许多有条件的学校已经进行了大量的实践和探索，取得了许多成功经验和重要成果，包括已经形成的网络环境下的教学模式和方法，这些成果对于农村学校开展网络环境下的教学活动具有重要的指导意义。农村学校在网络环境下开展教学活动的教学模式主要包括：群体教学模式、自主探究模式、协作学习模式、混合学习模式和基于任务的驱动模式。

（二）完善师资培训，保证培训效果

调查显示，西部藏民族地区中小学师资力量还非常紧缺和薄弱，所以要实现西部农村中小学基础教育信息化教育资源有效合理的利用，加强教师培训是必须而紧迫的任务。加强教师培训应从以下五方面进行：

1. 按照新课程的要求培训

国务院《关于进一步加强农村教育工作的决定》指出，实施农村中小学现代远程教育的最终目标还是要促进课程改革，提高农村教育的质量和效益。在对教师进行培训的过程中，应结合新课程让每一位教师了解新的教育理念和在远程教育“三种模式”环境下的教学方式与方法。针对以往培训过于注重理论传授的现状，组织培训时要采用多种方式，调动教师的已有经验，注重教师之间的平等交流、合作，共同解决问题，以提高教师在今后教学中的发展能力。

2.根据各学校的硬件资源配置培训

对配备计算机教室的学校，首先要对教师进行计算机培训。鉴于农村地区教师的现有水平，计算机培训的内容可以从最基本的操作开始，帮助教师学习文字处理、表格制作、课件制作、动画制作等基本软件。但是在传授这些现代教育技术知识的同时，更要让教师明白现代教育技术要服务和忠实于教育目的，不要为“表演”而使用，更不能作为评定教师教学是否先进的标准。对配备卫星接收装置的学校，进行地面接收站相关专业技术的培训。在岗培训时，可以先抽出少量的教师接受培训，然后实现轮训。对配备光盘播放点的教师进行使用和维护知识的培训，尽可能开发切合实际的培训资料光盘，发放到学校，在保证教师接受集中培训的前提下，能够更多地了解新的教育信息、教育理论或是一些比较好的教育教学案例，指导自己的教学。

3.建立以乡镇中学和乡镇中心小学为中心的乡镇培训基地

由于乡镇中学和中心小学有一定的硬件设备，因此可以考虑将其作为培训基地。第一，在边远农村地区组织集中的培训相对比较困难，即使集中统一培训，也要花费大量的车费、住宿费等费用。所以建立乡镇培训基地可以使接受培训的教师吃住在家，节约大量的费用，降低培训成本。第二，可以使培训更具有针对性，根据当地培训基地的硬件资源配置情况，有针对性地培训，提高培训工作的效率。

4.建立健全保障机制，保证培训的效果

首先，教师培训要有组织、有计划、有节奏地进行，需要通过完善的管理制度来实现。各级教育行政部门需要认真制订培训工作的整体规划、培训内容、培训形式，以及各级培训的督导和管理措施。

其次，要使教师参加培训的积极性得以持续，在建立激励机制时，应考虑到内、外不同因素的激励作用。外界物质的激励作用是短暂的，不具有可持续性，但也是不可缺少的；让教师认识到信息技术在提高农村教育质量、改善课堂教学、提高学生学习水平等方面的作用，才会更加积极地参与培训，并更有意识地在课堂教学中运用所学的理论和现代教育技术知识，这种影响是更长期、更具有持续性的。因此，要通过多种继续教育形式和有效的评估、晋级机制，调动教师的学习兴趣，培养教师的学习动机。

最后，为了总结教师培训的效果和经验，需要对每一轮教师培训进行评估。可以在培训过程中通过观察参加培训者的表现进行评估，还可以在培训之后通过问卷调查、课堂观察等方法得到培训效果的反馈。根据这些调查结果，制订更加优化的新一轮教师培训计划，才能实现螺旋上升的培训效果，彻底杜绝走形式。

5. 加强对地方行政人员和学校校长的培训

陶行知先生说："校长是一个学校的灵魂，想要评论学校，先要评论校长。"由此可见校长在学校中的重要地位。对于实施农村中小学现代远程教育工程的学校，校长是切实落实项目的第一责任人，所以要抓好对中小学校长的培训。通过培训提高校长对农远工程的思想认识，强化校长的应用意识，加强对农远工程的领导和管理，提高教师应用的积极性和主动性，把农远工程应用纳入学校正常教育教学之中。同时，校长在日常的教育教学过程中，应该考虑今后维护、运营、管理、维修等持续投入的经费，并设计好良性运转机制。其次，地方行政人员对农远工程的认识和看法，在一定程度上影响着该行政区域内农远工程的发展和资源的应用状况。

（三）采用多元化、多样化的教学评价方式

对西部藏民族地区农村中小学进行评价与考试制度改革的根本目的，是为了更好地提高学生的综合素质和教师的教学水平，为学校实施素质教育提供保障。

1. 对学生、教师与学校的评价内容要多元化

既要重视学生的学习成绩，也要重视学生的思想品德及多方面潜能的发展，注重学生的创新能力和实践能力；既要重视教师业务水平的提高，也要重视教师的职业道德修养；既要重视学校整体教学质量，也要重视学校在课程管理、教学实施等管理环节中落实素质教育的思想，形成生动、活泼、开放的教育氛围。评价标准既要注意对学生、教师和学校的统一要求，也要关注个体差异及对发展的不同需求，为学生、教师和学校有个性、有特色的发展提供一定的空间。

2. 对学生、教师与学校的评价方法要多样化

除考试或测验外，还要研究制订便于评价者普遍使用的科学的、简便易行的评价办法，探索有利于引导学生、教师和学校进行积极的自评与他评的评价方法；对学生、教师、学校的评价不仅要注重结果，更要注重发展和变化过程。要把形成性评价与终结性评价有机结合起来，使发展变化的过程成为评价的组成部分。

3. 发挥学生、教师和学校在评价过程中的作用

要使评价成为教育行政部门、学校、教师、学生和家长共同参与的交互活动。然而，调查发现，这些规定在当地还仅仅停留在口号、形式上，现实的做法仍然是"考

试唯一”“成绩至上”。由于受现实评价机制的影响，“平等参与式教学”在教师们的实际课堂教学中并没有被广泛运用，这也在很大程度上降低了他们参加教师培训的热情和积极性。

（四）信息化教育资源的拥有与应用的关系

“资源”的拥有量和“资源”的使用、流动量是促进社会与各个不同行业发展的动力，由于行业不同，资源的性质也不同。教育教学资源是支持教与学的“能源”，没有它就像火车、汽车没有动力，工厂没有原材料一样无法进行生产。信息化对教育带来的冲击，其中之一就是教育教学资源发生了变化。资源的变化、媒体的变化，同时也影响到教学手段与方法的变化。如若资源出现问题，必将会影响到教育教学工作的顺利开展。

1．“用”在“拥有”的基础上

做任何事情，必须先要拥有做好或者开展这项工作的必备条件，在没有条件的情况下是无法进行工作的。房子、土地、能源、原材料及其他基础设施都是开展不同工作应该具备的前提条件。教育教学工作也是这样。一所学校，首先要有办学的基础条件，校园、校舍、教师，以及与其相配套的资源条件，如果没有这些办学条件，是无法进行教学的。作为一位教师也是这样，首先要拥有做好教师这个职业的知识与能力，方能为人师表。所以，拥有是开展任何工作的基础，是做好任何事情的前提。

在开展教育信息化和农村中小学现代远程教育的工作中，对必备资源的拥有同样是开展工作的基础与前提。特别是国家投入111亿元人民币实施农村中小学现代远程教育工程，使农村中小学拥有了开展教育信息化的硬件资源与条件，为能用现代化教学手段与方法提高教学质量、提高教学效率奠定了必要的基础条件，为能用新型的教学软件资源为教学服务、深化教学内容提供了必备要素。如果没有这样巨额的教育工程项目投入，任何一位教师，无论水平和能力再高，也无法将教育信息化产生的作用实施在教学实践中。

在具备了一定的硬件资源的基础上，随之而来的就是教学软件的问题。如果无米下锅，硬件投入同样无法发挥作用，设备条件再先进、再完善也是“巧妇难为无米之炊”。教育信息化建设重在应用，农村中小学现代远程教育工程的实施目的也在于教学应用，这一思想在工程实施一开始已形成共识，五年工程实施完成后这一共识又一次出现在人们面前。要使工程在教育教学中发挥作用，在拥有硬件条件的基础上，还应该拥有足够的教学软件资源。教学应用应该在拥有教学软件的基础上进行。认为一开始先解决“温饱”再解决“小康”，先解决“有无”再解决“提高”，先解决有没有的问题是目前的头等大事。中小学教师已经非常清楚，教育信息化的教学应用要在拥有一定数量教学资源的前提下，才能开展好工作。

2．“有”在“拥有”好资源的基础上

第一，任何生产资源都分为一般资源、优质资源、劣质资源和过时资源等。优质资源不仅可以提高工作质量，而且能提高工作效益与效率。在实施教育信息化和农村中小学现代远程教育工作中，为了产生好的教学效益，只提倡在教学过程中应用其手段、方法与资源还不够，还应该提倡使用好的教学资源。有的学校和老师会提出，谁都愿意使用好的教学资源，就是手头没有。这就是目前存在的问题。有的学校不是没有资源，而是拥有的资源与学校选用的文字教材、教科书不配套。

第二，拥有的资源不系统、不成体系，只是某一学科课程教材中的某几节、某几章的资源，造成“吃了上顿没下顿”的现象。所以，在教育信息化实施多年后，在农村中小学现代远程教育工程实施中，为使国家投入的巨额教学设备能在教育教学中发挥作用，促进教育教学的改革，不仅要拥有资源，更重要的是要拥有好的、优质的、系统的教育教学资源。只有在拥有大量的优质教育教学资源的前提下，才有可能给应用者提供可选择性和教学应用的可持续性，才能促进教育教学效益、效率的提高和教学质量的提高。

第三节　民族教育信息化的路径解析

一、充分认识教育信息化的重要性和紧迫性

信息化是当今世界经济和社会发展的大趋势，科学技术特别是信息技术和生命科学的不断突破，对世界政治、经济、文化生活将产生更加深刻的影响。应该深刻认识信息技术的伟大力量，加快在中小学普及信息技术教育的步伐。信息技术不仅极大地拓展了教育的时空界限，还空前地提高了人们学习的兴趣、效率和能动性。多媒体教学、计算机软件教学、现代远程教育、虚拟大学等应运而生。先进的信息技术使教育资源共享原则得以贯彻，人们听取世界高水平大学课程的要求已经或正在实现，学习选择的自由度大大提高，因需学习、因材施教真正成为可能；学术交流空前繁荣，合作研究在全球范围内展开，信息生产、传播和应用日新月异地高速发展；现代教育科学、心理科学和信息技术科学的高度综合和相互渗透，已经成为教育发展和改革的强大动力；传统的教学与学习模式正在酝酿重大突破，教育面临着有史以来最为深刻的变革。这场教育大变革，不仅仅是教育形式和学习方式的重

大变化，更重要的是将对教育思想、观念、模式、内容和方法产生深刻影响。面对急剧变化的世界信息技术教育发展环境，为了争取在新时代日趋激烈的国际竞争中占据主动地位，必须加快在中小学普及信息技术教育，努力实现教育信息化和教育现代化。

二、中小学普及信息技术教育的主要目标和任务

实现教育信息化是在新的历史条件下社会经济发展对教育提出的必然要求，也是推进教育现代化的基础和条件。中国还是一个发展中国家，工业化的任务尚未完成，又面临实现信息化的艰巨任务。

在完成工业化的过程中注重运用信息技术提高工业化的水准，在推进信息化的过程中注重运用信息技术改造传统产业，以信息化带动工业化，发挥后发优势，努力实现技术的跨越式发展。根据国民经济和社会发展的建议，结合我国基础教育的实际，教育部决定在全国中小学基本普及信息技术教育，全面实施“校校通”工程，以信息化带动教育的现代化，努力实现基础教育的跨越式发展。

（一）进一步明确中小学信息技术教育工作的指导方针

当前我国中小学信息技术教育工作的指导方针是：科学规划，全面推进，因地制宜，注重实效。在全面推进中小学信息技术教育的过程中，要实事求是，注重实效，充分利用好我国现有的优秀教育资源，扩大辐射面，将先进的教育思想和方法与信息技术相结合，建立让学生自主地、创造性地学习的环境；在发展的数量和质量上要更加注意质量，在发展的速度和效益上要更加注意效益。

（二）努力实现在中小学普及信息技术教育的主要目标

根据推进我国教育信息化的总体步骤，21 世纪的信息技术教育的发展从三个层面推进：（1）在中小学普及信息技术教育，并推进以多媒体计算机技术为核心的教育技术在学校的普及和运用；（2）计算机网络的普及和应用，使学生学会充分利用网上资源；（3）大力发展现代远程教育，建设并通过提供大量经过信息化加工的教育软件和课程资源，通过卫星电视地面接收站和互联网等多种手段，用较低的成本将课程送到广大农村地区、偏远地区和民族地区，实现资源共享，培训教师，扩大学生受教育的机会，切实提高教育质量。

当前在中小学普及信息技术教育的主要目标有两个：（1）开设信息技术必修课程，加快信息技术教育与其他课程的整合；（2）全面实施中小学“校校通”工程，努力实现基础教育的跨越式发展。

（三）中小学普及信息技术教育工作应注意的问题

（1）学习信息技术知识要有助于培养学生的创新精神和实践能力。教育是知识创新、传播和应用的主要基地，也是培育创新精神和创新人才的重要摇篮。无论在培养高素质的劳动者和专业人才方面，还是在提高创新能力和提供知识、技术的创新成果方面，教育都具有独特的重要意义。开展信息技术教育，是培养学生创新精神和实践能力的一个极好途径，不能把信息技术教育按照学习一门学科的老办法去讲、去学、去考，那将窒息孩子们的创造精神。

（2）要从实际出发，因地制宜，多种模式地运用信息技术，提高教学质量。我国是一个幅员辽阔、地区发展不平衡的发展中国家，用信息化带动教育现代化，发挥后发优势，努力实现基础教育跨越式发展具有重要意义。在实施上要注意各地发展的不平衡，因地制宜提出要求，处理好发展速度和质量的关系。东部地区和中西部大中城市的中学和一部分小学，在硬件装备、师资力量等方面实现教育信息化已具备一定的基础，只要抓住机遇，加快发展，完全有可能用五年左右时间实现学校上网，率先普及信息技术教育，进而充分利用网上资源加快教育思想、教育内容、教学方法的改革。西部地区的教育信息化发展思路，可从实际出发，在暂不具备上网的情况下选择中国教育卫星宽带网作为主要载体，通过广播、电视、卫星电视地面接收站等手段，提高远程教育的覆盖面。

（3）要重视在开设信息技术课程的同时加强信息技术教育与其他课程的整合。教育信息化设施的建设是普及信息技术教育的基础，但是教育信息化并不是简单的技术问题。要强调在科学教育观指导下，将信息技术的学习和应用与教育观念更新有机地结合起来；应用信息技术对教育体系、内容、方法和手段进行全面改革，为全面推进素质教育服务。进一步探索信息技术教育与其他课程的整合，要从传统的课件制作转移到在各个学科的学习中应用信息技术和学习信息技术；积极探索应用信息技术培养学生创新精神和实践能力的方法和途径。只有这样，才能真正发挥信息技术对教育的变革性推动作用。

（4）要高度重视在信息技术教育中对学生进行人文、伦理、道德和法制教育。互联网的迅速发展为教育的发展与改革开辟了广阔的空间，但也带来了一些令人不安的问题，不科学、伪科学、不健康的甚至有害的信息垃圾泛滥。对此，许多地区和学校采取了建立“防火墙”或把教育资源下载到学校服务器上的方式，利用局域网教会学生上网学习，防止学生受到不良的影响。当前，境外敌对势力加紧利用网络对我国进行攻击和煽动，国内利用互联网传播反动的、不健康的信息垃圾的事情也时有发生，教育及相关部门千万不能掉以轻心。在推进教育信息化的过程中，要克服单纯的技术观点，加强对学生使用信息技术的人文、伦理、道德和法制教育，培养学生鉴别信息真伪的能力，负责任地使用信息技术。

（5）要把信息化建设与教育布局结构的调整、危房改造、薄弱学校改造等工作统筹安排和加快实施。薄弱学校的改造涉及配备好教师、好校长，但也要考虑加快信息化基础设施建设，以教育信息化促进薄弱学校改造。总之，要把教育信息基础设施建设与其他工作统筹安排，加快实施。

三、全面实施农村中小学现代远程教育工程

2003年，国务院召开了全国农村教育工作会议，决定“实施农村中小学现代远程教育工程，促进城乡优质教育资源共享，提高农村教育质量和效益”，要求“在试点工作的基础上，争取用五年左右时间，使农村初中基本具备计算机教室，农村小学基本具备卫星教学收视点，农村小学教学点具备教学光盘播放设备和成套教学光盘”。农村中小学现代远程教育工程指为促进城乡优质教育资源共享，提高农村教育质量和效益，从2003年起开展的以信息技术为手段，采取教学光盘播放点、卫星教学收视点、计算机教室三种模式将优质教育资源传输到农村的教学方法试点工程。

根据农村中小学具备条件的不同，农村中小学现代远程教育工程在实施中主要应用三种模式：（1）教学光盘播放点。配备电视机、DVD播放机和教学点各年级的教学光盘。通过播放教学光盘对学生进行授课和辅导。配备对象主要是农村学校布局调整中确需保留的教学点。（2）卫星教学收视点。配备卫星接收系统、计算机、电视机、DVD播放机和一至六年级所需的教学光盘。通过中国教育卫星宽带传输网，快速大量接收优质教育资源，同时具有教学光盘播放点的功能。配备对象为乡中心小学和村完小，根据学生规模配置1—2个多媒体教室。（3）计算机教室。配备卫星接收系统、网络计算机教室、多媒体教室、教学光盘播放设备及教学光盘。

四、加快民族教育信息化的发展对策

（一）信息基础设施建设与升级并举

众所周知，教育信息基础设施建设是推进教育信息化发展的基础。2000年以来，国家先后实施了一系列教育信息化工程，为民族地区基础教育信息化发展奠定了坚实的硬件基础。但由于民族地区经济社会发展的限制和教育经费投入的严重不足，加之其自身“造血功能”不强，目前民族地区各级各类学校特别是农村中小学校的信息化教学环境还十分落后，很多农村中心小学还没有计算机机房，有机房的计算机也没法接入互联网，生机比严重失衡。另外，电子白板的配备也明显滞后，中小学校园网的建设更无从谈起。国家自去年起在中小学实施“三通两平台”规划，为

我国民族教育信息化发展带来了新的契机。但在具体实施过程中，笔者认为需要注意以下三个方面的问题。

1. 建设原则问题

要遵循以下三个基本原则：（1）适度超前原则。技术应用需要经历探索、引进、推广和创新应用四个阶段，而技术的发展进步日新月异、瞬息万变。因此，坐等技术的成熟完善、推广应用和费用下降只会让教育始终处于一种消极被动状态。要突破传统的“能用、够用、好用”的思想局限，适度超前建设和升级信息基础设施。（2）自下而上原则。整体来看，我国基础教育信息化建设基本按照自上而下的原则推进，期间过多关注政府、教育主管部门和学校的建设目标，而忽视教师和学生的实际应用需求，从而导致教育信息化的功能、作用和效益得不到充分发挥。从教师、学生和学校的实际需求出发，是推进教育信息基础设施建设与升级的最有效途径。（3）设施建设与应用培训并举原则。从调研情况来看，民族地区大部分中小学校已经开始配备电子白板，但是能够熟练使用电子白板进行互动教学的教师非常少，大多数教师只能把电子白板当成简单的投影屏幕来使用。因此，在设施建设的同时，还要注重对教师设备应用能力的培训。

2. 建设经费问题

教育信息基础设施建设，离不开巨大经费的投入。笔者认为，可以通过三种途径筹措资金：（1）国家财政和地方财政加大经费投入，这是最直接、最有效的方式。（2）与当地工厂和企业合作来寻求经费支持。就偏远的民族地区而言，中小学校的信息化水平最高、设备最好、人才最强。学校可以充分利用设备和人才优势，为当地工厂和企业提供人力资源培训，搜集市场信息，为经济社会发展服务。当地经济社会发展好了，才有能力反哺教育和发展教育。（3）寻求社会资金的扶持。现在社会上各种形式的扶贫基金、慈善基金、公益基金和发展基金非常多，为了学校、教师和学生自身的发展，学校可以主动出击，积极寻求这些基金的帮助。

3. 建设内容问题

提到教育信息基础设施建设，就离不开计算机、电子白板购置和多媒体教室、校园网建设等话题。校园网建设是教育信息基础设施建设中最重要、最基本的。在教育云时代，加快校园网络建设具有更加重要的现实意义和实践价值。通过网络，学校之间可以实现教育信息的互联互通和教学资源的共建共享；教师可以实现远程培训和区域教研，实现协同创新和均衡发展；学生也可以实现网络环境下的自主学习、探究学习和协作学习，培养创新能力。

（二）优质教育资源开发与共享同步

优质教育资源开发与应用是加快教育信息化进程的核心。特别是在“农远工程”后期，随着经验的积累，建设理念也发生了显著变化，由硬件设施建设转向优质教育资源开发与应用。近年来，国家先后开通了基础教育资源网和教育资源公开服务平台，每年还定期开展优质数字教育资源征集和展示活动，各省市自治区也相继开通了省级基础教育资源平台和区域基础教育资源平台。现阶段，我国优质教育资源开发与应用现状可以概括为：初具规模，质量和数量均显不足，共建共享机制尚未形成。基于此，笔者认为以下三方面的问题值得关注和研究。

1. 优质教育资源的界定

（1）优质教育资源范围的界定。谢维和认为，优质教育资源是一个历史的范畴，它将随着时代的发展而变化和丰富，且应该包括五个方面：①学校的文化资源，具体包括学校的办学理念、价值观念、教职工的认同感和所在地区的支持；②学校的制度资源，包括学校正式规章制度、非正式制度和外部制度资源；③学校的物质资源，包括学校的软硬件环境及其配置方式；④优质的教师资源，包括教师研究能力、职业精神和专业能力、合作能力与团队精神；⑤学校的特色资源，具体包括教师风范和校长风范，文化、制度和物质以及培养的学生。

由此可见，现阶段开发的资源，只能称之为数字化课程教学资源，仅为优质教育资源的一个重要组成部分。

（2）优质教育资源的质量界定。众多专家评选出的优质教育资源，并不被民族地区基层教师认可，究其原因，评价主体错位是主因。因此，为促进教师获得优质教育资源，各级教育管理部门应该由资源建设者转变为资源服务提供者，把资源评价的权利还给教师，同时把资源开发的经费转移支付给学校，由学校自主开发或选择购置优质教育资源，教育管理部门的主要工作是监管经费使用情况和验收资源开发项目成果。

2. 优质教育资源的形态

这里的资源形态主要是指教育教学信息的传输通道和呈现形式。“农远工程”为教学资源提供了教学光盘、卫星接收和计算机网络三种传输通道，在此基础上，国家又进一步拓展了基于网络的教育资源公共服务平台和基于IP卫星的教学点优质数字教育资源传输模式。具体到资源的呈现形式，有文本、图像、视频、音频、动画、多媒体课件和专题学习网站7种类型。要优先开发视频教学资源、专题学习网站和电子书包。

一方面，视频教学资源能够为学生提供真实的课堂学习情境和向优秀教师学习的机会，有利于激发学生的学习兴趣和提高学习效率，也有利于培养学生分析问题和解决问题的能力。另一方面，视频教学资源能够为教师提供真实的课堂教学情景和向优秀同行学习的机会，有利于促进教师教学观念的转变和教学技能的迁移，也有利于教师对课堂教学过程中默会知识的学习。另外要加大优秀教师讲课视频、教学公开课、教学示范课和学科教学研讨活动视频资源的开发力度。

当前的视频教学资源过于简单，且是一维封闭的，缺乏交互。因此，视频教学资源应该借助网络技术和数据库技术，发展成为融视频、音频、图片、动画、网页和教学活动于一体的超媒体。另外，随着中小学宽带接入和网络条件下教育环境建设的不断推进，专题学习网站将会发挥更大的功能与作用。通过专题学习网站，可以开展基于专题资源学习、自主探究式学习、小组协作式学习和研究性学习等学习模式，培养学生的信息处理能力和自主学习、协作学习、探究学习能力。再者，电子书包是随着教育资源发展出现的新形态。电子书包的使用，能够打造全新的教育环境，促进教学模式和学习生态的变革，以及促进教育均衡发展，实现终身学习和全民学习。

3.优质教育资源的开发

开发优质教育资源前，首先要做好顶层设计，从全局出发，避免低水平的重复建设。在理念上，要优先考虑教育资源的开放性、共享性、扩展性和可移植性，要坚持区域规划指导与学校自主实践相结合原则，资源要能够满足学校发展、教师教学和学生学习的个性化需求。在技术上，依据现有条件，充分利用计算机网络技术和数据库管理技术搭建教育资源公共服务平台，实现教育资源信息的互联互通。同时，民族地区优质教育资源的开发也要积极引进和应用云技术，在构建基础教育云服务平台的基础上建设教育云资源。另外，民族地区还要重视双语教育资源的开发，因为藏、维吾尔、蒙古等少数民族有自己独特的民族语言和文字，现阶段开发的教学资源，无论数量还是质量都明显不足。

（三）加强校长和骨干教师培训

1.校长信息化领导力培训

中小学校长作为基础教育的领导者、执行者和引领者，对推进教育信息化建设具有举足轻重的作用。已有调查表明，在推进学校教育信息化的进程中，校长可以扮演阻碍者、旁观者、组织者和实践者等不同角色。因此，要充分发挥校长的积极作用，通过培训不断提高校长的信息化领导力，使其成为教育信息化的组织者和实践者。校长信息化领导力包括权力和个人影响力两个方面。权力主要由学校信息化系统的规划与建设、学校信息化人力资源建设、学校信息化教学应用与管理、学校信息化建设中的经验总结与评估、学校信息文化建设五个方面构成。

个人影响力主要由校长的信息化意识、传递学校信息化愿景的理念、信息化理论与技术的应用能力、信息化环境下的人际沟通能力、信息社会的责任感五个方面构成。校长可以通过自主学习信息化领导力课程、组建学习共同体、参与体验式培训和课题研究式培训等方式，提升信息化领导力。但是，要注意厘清校长信息化领导力与学校信息化领导力的区别与联系。只有将校长信息化领导力与学校信息化领导力融为一体，才能避免因为校长的调离而使学校教育信息化发展陷入停滞等不利境地，影响教育信息化的可持续发展。

2．骨干教师信息技术能力培训

骨干教师是学校教育教学的中坚力量，是教师队伍的带头人，其信息技术水平和信息化教学能力发展将在一定程度上影响整个教育信息化进程。因此，要加大对骨干教师的信息技术能力培训。近年来实施的中小学骨干教师"国培计划"和"省培计划"，通过在培训内容、渠道、模式和策略等方面进行的大胆创新与实践，不仅使教师信息技术能力培训取得了良好的效果，还积累了丰富的培训经验，为后续实施中小学骨干教师的信息技术能力培训奠定了坚实的理论基础和技术保障。研究者对受训骨干教师进行跟踪调研发现：虽然大部分受训骨干教师的信息技术能力得到了长足发展，能够在学科教学过程中灵活有效地应用信息技术，但是只有少部分受训骨干教师在学校教育信息化发展过程中发挥了引领者的做用。究其原因，受训骨干教师的身份、地位和话语权，决定了他们对教育信息化发展所扮演的角色、发挥的作用与作出的贡献。因此，骨干教师要想成为学校教育信息化的引领者和推进者，必须做到四点：一是培训规划的参与制定者，二是学习过程的管理者，三是活动内容与形式开展的组织者，四是一般教师的帮助者。

（四）重视信息技术与教学科研深度融合

21 世纪初期是我国教育信息化的起步阶段，国家要求在基础教育领域实施信息技术与课程整合，目的是从学校教育的微观层面，用信息技术支持教学，探索和创新课程教学方式，提高课堂教学质量，有效促进教学变革与发展。而信息技术与教学的深度融合，则是我国教育信息化发展到新阶段（即教学信息化从量的积累到质的提升）后提出的新要求。此时的信息技术需要突破原来的工具属性，作为教育系统的一个重要组成要素，与系统内其他各要素实现深度融合，从教育观念、教学环境、教学资源、教学方法、教学策略和教学模式等多方面推动教育的变革与发展。"融合"强调教育系统各要素互不分离、互相渗透、互相作用和一体化的过程，强调有机结合和无缝连接。信息技术与教学的深度融合，虽然对教师提出了更高的要求，但是反过来能够更好地促进教师的专业发展。融合不仅要求教师具备厚实的学科专业知识，还要求教师掌握先进的学科教学方法和手段，以及扎实的信息化教学理论与信息技术能力。课题研究是校本教研的一项重要内容，也是促进教师专业成长的重要途径，还是学校开展信息技术与课程整合的重要组成部分和核心环节。

中小学教师开展课题研究，不仅有利于提升其理论水平和科研素养，还有利于培养其教学反思能力，促进教师专业发展。可见，中小学教师参与课题研究具有十分重要的意义。在教育信息化发展的新阶段，为了更好地培养中小学教师的课题研究能力，需要实现信息技术与课题研究的深度融合。信息技术不仅可以拓展教师课题研究的时间和空间，也可以丰富教师收集和处理信息的手段与方法，还可以促进教师与同行合作开展网络教研。另外，信息技术还可以为学生提供基于课题探究的全新学习方式，培养其创新能力和合作能力。

（五）以促进学生的发展为终极目标

1. 重视中小学信息技术课程的开设

在中小学普及信息技术教育，是国家为应对21世纪信息社会发展对人才的要求，培养具有创新精神和实践能力的高素质人才和劳动者，以信息化带动教育现代化的战略选择。中小学信息技术课程的主要教学目标和任务是：培养学生对信息技术的兴趣和意识，让学生了解和掌握信息技术基本知识和技能，了解信息技术的发展及其应用对人类日常生活和科学技术的深刻影响。由此可见，开全开足开好中小学信息技术课，对培养学生的信息素养和信息技术能力具有基础性、全局性和关键性作用。同时，学生信息技术能力和水平的提升，有助于学生利用信息技术学习其他学科课程。就目前来看，民族地区信息化教学环境较好的中小学基本能够满足开课要求，但还有很多农村中心小学没有计算机机房，达不到信息技术课程的开课条件和要求。至于课程教学方法，已有非常多的成功经验和案例，可供民族地区信息技术课程任课教师参考和借鉴。

2. 培养网络环境下学生的自主学习、合作学习和探究学习能力

信息时代的学习与以多媒体和网络技术为核心的信息技术发展密切相关。基于网络环境下的自主学习、合作学习、探究学习是新课程大力倡导的培养创新精神和实践能力的最有效学习方式。就民族地区而言，中小学宽带接入与网络条件下的教学环境建设才刚刚起步，实施网络环境下的自主学习、合作学习和探究学习还有很长的路要走。因此，在中小学网络教学硬件环境建设到位的前提下，首先要培养教师的信息素养和信息技术能力；其次要培养教师操作网络教学平台、实施网络教育教学活动的能力；再次要培养教师掌握网络环境下的教学方法和教学策略。同时，在教师网络教学能力达标的基础上，逐步推进和实施网络环境下的学科教学活动。通过教学实践，不断提升学生的自主学习能力、合作学习能力和探究学习能力。

/ 第四章 /
文化视野下的民族教育者的工作素养

文化视野下的民族教育者的工作素养主要研究少数民族的特点与多样性、多元文化的教育原则、策略、多学科研究策略在研究中的可能性以及多学科研究策略在民族教育研究中应用的可能性。本章重点探讨了文化视野下的少数民族文化多样性、多元文化教育的原则与策略解析以及民族教育研究的应用策略探索。

第一节　文化视野下的少数民族文化多样性

多元文化教育的目的在于为所有的孩子（不论其性别、种族及社会背景的差异）提供平等的教育机会。这一节内容在于界定和讨论与多元文化教育相关的一些概念：文化、少数民族、文化多样性，以及语言、宗教、同化、融合等。这些概念很重要，因为缺乏对这些概念的理解和多元化认知，就可能造成对少数民族教育的本质在交流和理解上产生严重的问题。

一、文化的内涵

文化是学界最难界定的概念之一。这里提出的“文化”的概念虽不是最完整的，但有助于对文化这一复杂概念进行认识。在联合国教科文组织有关文化多样性的公告中，文化被定义为“一个社会或群体表现在精神、物质、智力及情感等方面特征的总和，也包括艺术、文学、生活方式、群居方式、价值体系、传统及信仰”。人类的行为方式是依他们的文化准则、规范、价值、信仰、习惯和世界观所表现出来的。因此，文化影响人们生活的各个领域（工作、日常生活、家庭生活、社区生活等）。如家长和家庭成员在抚养孩子成长的过程中，一个特定群体的准则、价值观、好或坏的行为标准定会对孩子的成长产生影响，因而，不同民族也会出现不同的教养方式。

二、少数民族的特点与多样性

一般来讲，少数民族是在多民族国家中对相而言人数较少民族的总称。少数民族的特点与其宗教信仰、生活方式及风俗习惯有关。少数民族的存在与多数民族相比仅占小部分。少数民族这一术语通常涉及至少四种不同的族群：（1）本土人，他们的血统可以追溯到这个国家的土著居民；（2）区域性少数民族，这个族群拥有很悠久的历史传统；（3）非区域性的少数民族或流浪者，这一族群的人对领土没有特别的依附；（4）移民。

（一）不同少数民族的特点

（1）具有特定的社会、文化及经济生活条件；

（2）独特的社会、经济、政治、文化、政治体系、风俗及规范其社会地位的传统；

（3）被其他人视为“当地人”；

（4）自我定义为“本土人”；

（5）对土地及特殊领土的依附关系，并以此推及为同自然和地球的特殊关系。

（二）文化的多样性

文化是个复杂的概念，与世界观、宗教、习俗、规范及日常的生活规律均有关系。多元文化社会在文化方面必然表现出多样性，这种多样性主要表现在以下几个方面。

1. 语言

语言是表达人类文化、特性和传递知识的最基本的形式。精通语言不仅仅表现在对语法、发音及词汇的掌握，更重要的是能理解和把握由文化所嵌入的语言的意义。多元文化社会在语言方面也是多样化的。因此，使用两种或多种语言是多元文化主义及社会文化多样性发展的一种表现。语言是教育的一个极其重要的因素，让孩子们在一种语言基础上发展其他的语言能力是较为复杂和困难的。但是，只要安排合理，教法得当，也能够至少保证一种语言流利，甚至是两种语言都能熟练应用的效果。

2. 社会经济背景

社会经济条件影响一个特定社会中人们的生活、工作及其对自身角色和地位的认识。文化倾向性是建立在人们生活条件基础上的，并与收入、职业及家庭结构具有内部联系。

3. 主体（多数）民族与少数民族的关系

主体（多数）民族与少数民族的关系呈现出不同的形式，并依赖国家对少数民族地位的界定（从排斥和种族隔离到民族平等）。这种关系同样适用于教育领域。

（1）种族隔离。种族隔离是将少数民族与主体民族分离开来。这种策略主要源自南非的种族隔离政权，南非制定了分离白人与黑人的法律。种族隔离基于这样的假设：少数民族劣于主体民族，因此不同的文化及民族或族群不可共存。种族隔离策略是以种族这一概念为基础的，歧视那些被认为是欠文明、欠发展、劣等的人群。种族隔离与种族歧视随着种族隔离政权的瓦解而不复存在。然而，无形的或者无以言表的种族界限仍然潜移默化地分割着族群。人们总是喜欢去一些能够遇见他们自己族群成员或同等社会阶层的场域。教育背景下的种族隔离主要有这样的表现：①少数民族的孩子不得入学接受教育；②少数民族的学生与主体民族的学生分开接受教学。

（2）同化。同化就是指少数民族与主体民族的融合。通常情况下，同化会导致少数民族群体的消失，因为少数民族需要适应和服从由主体民族所规定的各种要求。以下是有关同化如何影响少数民族族群特点的案例，在这一案例中少数民族的语言、习俗、宗教习惯被遗忘、摒弃或者极少使用。在美国，很多移民经历了同化的过程，好几代人在语言、行为准则及习俗等方面逐渐采用了美国人的生活方式。然而，某些族群，特别是黑奴的后裔反对这一同化过程，并且坚持维护他们自己的文化、语言和习俗。同化的过程无形中成为少数民族适应主流文化及权力结构的压力。同化在教育情境下表现为学校中少数民族学生所接受的教育和课程仅是以主体民族的语言、文化和世界观为基础的。

（3）融合。融合意味着少数民族平等参与和进入教育场所、劳动市场、医疗领域，包括对文化、民族特色和群体身份的保护。融合是一个政治目标，尤其在欧洲一些国家备受青睐。但是，不同国家对如何定义和判断所谓的成功融合各有不同。尽管政治上企盼民族融合，但当下日益敏感的问题是如何使少数民族既获得平等参与机会、平等权利，同时又确保他们具有独特性。少数民族群体常常会感受到来自政府的压力，屈从主体民族并放弃他们的文化和民族特色。但是，过分强调保护和维持文化的特色可能会导致民族分离。

教育情境下的融合表现在，学校开设的课程在对待少数民族的语言、传统和世界观上保持一种开放的态度，与此同时，所呈现的知识又是第一阶段制度上的改变，即由原先的教育制度转变为相互协作的教育制度。再就是把有关种族和族群的知识引入学校所教授的课程当中。以跨族群的学生能够参与的方式组织校内的日常生活，这样就能使来自不同族群的孩子习得多样的文化知识。第二阶段是理论的发展，把民族、阶层和性别作为教育与教学设置的出发点的实践。不论他们的性别、社会阶层、民族，发展一套支持所有学生共同发展的教学活动。这样，校长、教师应该讨论如何在学生们的学习中鼓励、支持和调动所有学生的积极性。一个很重要的方面就是，开发与所有学生相关且教学方法能够包容学生的不同背景和民族的教材。

第二节　多元文化教育的原则与策略解析

一、多元文化教育的原则

（一）平等教学

平等教学是指教师通过修正自己的教学方式，为不同社会、文化及民族背景的学生提供便利和支持。这样，教师必须掌握不同民族的规范和价值观，并且能以相应的形式对来自不同文化背景和民族的学生开展教学。“文化剥夺”这一术语常常被教育界的学者们采用，用来描述少数民族学生在学校里所面临的问题。这些问题可以追溯到他们在家乡和民族社区的经验，而问题出在这些经验所基于的价值观、文化倾向和教学方式与主体民族的教学不一致。学校和教师应该以民族学生的经验和文化洞察力为基础，不应该把他们的经验视为学业成就的障碍，而应视为知识和发展的源泉。

（二）减少偏见

多元文化教育在减少偏见方面的贡献表现在帮助学生发展对他人的移情理解、宽容和尊重。这一维度强调通过课程介入和合作学习的方式减少并改善学生对少数民族的歧视态度。课程介入是指通过多元文化的教学形式将不同民族的历史和文化知识进行传授。合作学习是指来自不同民族的学生通力合作共同完成任务。课程介入是通过开展知识学习增进对不同民族的理解，而合作学习能够培养学生们积极细致的学习态度。

二、多元文化教育的策略

（一）内容整合——整合多学科课程

内容整合涉及的教学及教材范围包括解释不同科目和学科的各种文化和族群的实例、主题、题目、资料和信息。策略之一就是在课程中整合历史、价值观念和少数民族的传统知识。

（1）以学生为中心的教学法关注学生本身的经验和背景。这种教学的教学内容不仅仅来源于所学习的学科，而且尽力地反映学生的经验知识和生活世界。这个目标可以通过融合学习者的个人历史、生活环境、宗教信仰和文化背景来实现。

（2）项目教学法是基于学生的积极参与而设置的一种教学方法。为了完成项目或解决问题，学生必须参与观察并思考他们自己和同学的生活背景。这样的教学方式是对社会公开的，并且基于本地社区不同人群的经历和知识。在社区中的学习方法，要求教师和学生对想要研究的问题达成一致意见。如职业探究、自然环境、族群知识等。学生通过参观车间、田野调查以及对不同族群的代表人物进行访问获取资料，然后提交研究报告等。

（3）从文化层面上讲，所谓合适的教学方法应是通过采用不同的方法，使其与学生的背景相吻合。教师可以采用讲故事、表演戏剧、朗诵诗歌及唱歌等方法。这样，社区成员能够融入教与学的过程中，向孩子们讲授有关社区的故事、传统、规范及族群或当地人的生活。对社区成员的学习方法，可以通过邀请来自不同族群的社区成员，向孩子们教授本土的唱歌、跳舞技能，以及讲述有关社区的历史等。

（二）知识建构

知识既是主观的又是客观的。前者是指，它反映了一定的个体或族群人们的经验、兴趣及历史。后者是指，它与学术知识的主体相联系。知识的建构是指教师帮助学生理解知识发展的历史背景和文化脉络的过程。这类课程不仅关注主流族群，而且关注不同视角下的事件、问题和观念，并向学生介绍有关这个国家的普遍传统。通过这个方法，教师应该帮助学生认识到尽管不同民族具有自己的文化、传统和价值观，但是国家的全体公民共享很多构成国家基础的文化传统、价值观及政治理念。教师培训及在职教师培训应使教师熟悉国家的文化遗产、民族多样性和不同地域，应将这些知识以实用和参与式的方法教给学生。

（三）增强校园文化力量及改善学习环境

有关多元文化的四个维度：内容整合、知识建构、平等教学及减少偏见都是有关文化和学校组织的。事实上，改善少数民族教育，关键要依靠改革课程内容，包括使学生形成对知识细致入微的看法，创设兼容并举的学习环境，采用突显少数民族学生的优点和洞悉少数民族学生特点为基础的教学方法。为了提高学校和社区的互动效果，在教学与教育过程中，学习者与社区共同合作参与是十分必要的。这种共同参与可以通过以下方式来实现：（1）在开发课程和教材的过程中，需要学习者、家长和社区成员的共同参与，以反映当地的本土情况和文化；（2）不仅把学校当作一个教育机构，还应使之成为社会和文化参与的中心。

（四）母语及双语教育

民族多样化的社会是多种不同语言共存的社会。语言多样性这一概念是相对的，是通过参考国界来衡量的。一些语言被赋予主流语言的地位，而另一些语言则属于少数民族语言。世界上的很多地方，来自少数民族地区的儿童，他们在少数民族地区成长，官方语言及学校的教学语言都与他们的母语不同。在这种情况下，教育系统要实现借助母语开展教学，同时帮助学生习得本国甚至世界大部分地区都通用的语言，这是一个巨大的挑战。可以区分一下双语教育的递增法和递减法。双语教育的递增方法是将母语作为学习和习得第二语言的起点，而双语教育递减法是让学生直接学习第二语言并把它作为一种语言导向。

基于对母语和双语教育所开展的大量研究显示，“学生跳过母语而直接熟练习得外语是非常困难的”。为了让孩子更好地掌握第二语言，首先让其熟悉掌握母语的结构、用法和一些高级概念的意义是非常重要的。如果基础不扎实，这个学生很可能既无法掌握母语也无法掌握第二语言。而且，他们在学校中会遇到严重困难，在学习不同的科目时也会遇到很多问题。也就是说，用快速而彻底地接触第二语言而相应地减少母语使用来掌握第二语言的方法不甚科学。所以，精通第二语言或者实现高学术成就的条件就是实现对母语的熟练掌握。基于对这一领域的国际性研究，以下几个方面对于实现母语和双语教育的平衡是非常值得参考的：（1）母语的学习对认知发展至关重要，并且是学习第二语言的基础；（2）教师必须理解并能很流利地使用教学语言；家长及社区的支持是很必要的；（3）成本效益分析：对于一个国家而言，辍学率的降低就是实现了一种经济效益。

第三节　民族教育研究的应用策略探索

一、多学科研究策略在质性研究中应用的可能性

质性研究领域内的两位权威人物林肯和邓津指出：“质性研究是一个跨学科、超学科，有时甚至是反学科的研究领域。这是因为质性研究不是来自一种哲学、一个社会理论或一类研究传统。它受到很多不同思潮、理论和方法的影响，起源于很多不同的学科。换句话说，质性研究同时跨越社会科学、人文科学和自然科学三大领域，具有多学科性和多领域性的特点，以上论述充分说明，在运用质性研究时需要采纳多学科研究的策略，但这只是从质性研究的起源做出的分析和探讨。为了进一步理解多学科研究策略与质性研究的关系，将会从以下几方面的质性研究本身的特性出发探讨这个问题。

（一）质性研究实施场域的情境化需要多学科研究策略

综观近年来社会科学领域研究方法的发展态势，不难看出，质性研究已经成为与量化研究相提并论、交相辉映的一种研究方法，得到越来越多研究者的青睐和使用。正如第一章所述，质性研究是在自然情境下以研究者本人作为研究工具，运用访谈、观察、实物分析、与研究对象互动等多种收集资料的方法，对自然发生的事件进行描述、归纳和提炼，从而阐释意义的一种活动。

从这一定义不难看出，质性研究是在自然情境而非人为环境中开展的，也就是说质性研究的实施场域是自然情境。进一步讲，这种自然情境是质性研究者开展研究的基础，为此研究者应该首先了解、认识该情境。众所周知，自然情境的构成是多元的、复杂的、立体的，如果仅仅从某一学科出发来认识、理解该情境，肯定无法获得全面、系统的理解和认识。而如果能以多学科的视角审视质性研究的情境，势必会从不同的侧面理解该情境，为质性研究的深入开展创造良好的前提和基础。

在通过多学科的策略对质性研究情境化的实施场域获得较为全面和系统的认识之后，质性研究者必须考虑质性研究的研究对象。从质性研究的定义不难看出，质性研究的研究对象是实施场域的一部分，其也被深深地打上“情境化”的烙印。在质性研究中，研究者要深入自然情境中，对研究对象情境化的“生活世界”以及情境化的社会组织进行参与性观察、深度访谈等，以此了解他们情境化生活的状态和过程、他们所处社会文化环境以及这些环境对他们的影响，“从而对被研究现象有一个比较全面的、解释性的理解” 。为了获得“比较全面的、解释性的理解”，研究者注重客观现象的整体性和相关性，将所发生的事情放在一个丰富、复杂的背景下进行整体的、关联式的考察。因为对事物部分的理解必然依赖对整体的把握，而对整体的把握又必然通过对部分的理解来实现。如果从背景中把行为、言辞或手势动作等与其前后关系隔离开来，就会犯“断章取义”的错误，研究就失去了意义，其结果必然是“盲人摸象” 。为了避免这种现象的出现，就要求研究者对质性研究的场域进行多学科的研究，从不同学科分析、探讨“情境化”的研究对象。

综上所述，质性研究实施场域尤其是其中的研究对象是以情境化的形式存在的，正是这种情境化的形式需要从不同学科出发分析探讨，运用多学科研究的策略，获得较为全面、科学的认识。

（二）质性研究操作技术的多元化需要多学科研究策略

一般来说，研究方法可以从三个层面来探讨，“第一个层面是方法论，即指导研究的思想体系，包括基本的理论假定、原则和思路等；第二个层面是方法或方式，即贯穿研究全过程的基本程序、策略和风格；第三个层面是操作技术，即在研究中具体使用的手段、工具和技巧”。

质性研究作为一种涉及多个理论基础、多种操作技术的研究方法，自然也包括上述三个层面。对此，加拿大学者范梅南（Van Mannen）等学者将这三个层面的内容融为一体，并形象地指出，“质性研究像一把大伞，似乎什么都可以放到这把大伞下面”。陈向明教授在此基础上则进一步指出，质性研究“就像一棵参天大树，下面掩荫着各色各样的方法分支”。同时，她还通过“教育研究中质的研究方法”示意图对此进行了形象的展示。

从学者们的阐述和相应的图示来看，质性研究无论是在方法论上，还是在具体方法或方式上，抑或是在操作技术上都呈现多元化的特征。在此，将重心放在第三个层面，即操作技术上。

一般来说，质性研究操作技术的多元化主要是指研究者在质性研究中会采取多种资料搜集手段和资料分析技术。具体来说，在资料搜集手段上，研究者可以采用问卷调查、生活史访谈、焦点团体讨论、参与性观察、实物（包括文件）搜集等。在资料分析技术上，可以按照资料分析的深浅程度分为初步分析和深度分析，其中初步分析的技术主要包括数据统计、文本分析、资料编码等，而深度分析的技术则包括资料归类、以类属分析或情境化分析为主的深入分析等。

从资料搜集手段上看，研究者所运用的问卷调查、生活史访谈、焦点团体讨论、参与性观察、实物（包括文件）搜集等手段都来自不同的学科。它们或者是某一学科的“独门方法”，或者是最初源自某一学科，后来被其他学科“借用”。例如，问卷调查法是社会学的基本研究方法，实物（包括文件）搜集和文本分析则是历史学的基本研究方法，生活史访谈则来自人类学的研究。这些研究方法走出既有的学科领域，开始为其他学科服务。质性研究就是在吸取这些操作技术的基础上成为一种应用领域十分广泛的研究方法。

从资料分析技术上看，无论是初步分析的技术，还是深度分析的技术，它们或者来自不同的学科领域，如数据统计最初是社会学中常用的研究方法，或者是多个学科交叉而形成的技术。从以上论述中不难看出，质性研究的资料搜集手段和资料分析技术本身就具有多学科的属性，为此在质性研究中采取多学科研究策略是合情合理的。

除此之外，还必须认识到质性研究的操作技术在具体运用中不会只使用一种数据搜集手段和资料分析技术，往往是交叉运用的。更具体地讲，对同一个研究主题可能采用多种操作技术，可能同时运用来自社会学的问卷调查法和历史学的实物（包括文件）搜集法。在质性研究中，将不同学科的研究方法汇聚于一体，而且在具体研究中交叉运用这些操作技术。不难断定，质性研究操作技术的多元化体现了多学科研究的特性。

（三）质性研究涉猎范畴的广泛性需要多学科研究策略

质性研究受到不同哲学思想、不同社会理论的影响，致使其同时横跨社会科学、人文科学和自然科学三大领域，具有多学科性和多领域性的特点。也许正是因为这个原因，质性研究出现以来，就被广泛地应用在不同的学科范畴中，随着科学的进步、社会的发展以及质性研究本身的成熟，将会在越来越多的研究领域中出现，这是与其并列的量化研究所不及的。为了更深入地理解这个问题，还需从质性研究的学术传统谈起。

虽然质性研究所探讨的各个领域并无清楚的分界线，但每个领域都有其独特的研究旨趣。比如，以个体生活经验或生活世界为研究旨趣的心理学，形成了现象学、诠释学等研究传统，但现象学与诠释学在具体的研究范畴上又存在一定的区别，现象学主要探讨个体行动者的意象世界，而诠释学则主要分析个体行动者在社会脉络中的行为。

社会学以社会世界、社会生活为研究旨趣，并在此基础上产生了常人方法论、符号互动论（又称语义学）以及扎根理论的传统，其中常人方法论主要关注人们如何在社会生活中达成共识，符号互动论主要关注人们如何在符号环境中创造互动，扎根理论则关注社会各个类别中的一般关系是怎样的。因在实践活动及其过程中运用了质性研究，于是就产生了诸如护理研究、教育研究、组织／市场研究等研究领域，它们分别以照护工作、教与学、管理与消费为主要的研究内容。

二、多学科研究策略在民族教育研究中应用的可能性

（一）民族教育实践的复杂性需要多学科研究策略

马克思主义哲学认为，系统是由事物内部互相联系着的各个要素所组成的有机整体。系统与要素相互依赖、相互影响，没有要素就不会有系统；没有系统，也无所谓要素。但系统不是要素的简单相加，它是各个要素的有机结合，其功能大于各个部分机械相加之和。

依系统与要素的关系来看，如果把教育实践活动看作一个系统的话，那么它就包括许多构成要素。对此，不同学者有不同的认识，南京师范大学教育系主编的《教育学》指出教育由教育者、受教育者和教育影响三个要素构成，即“三要素说”；《中国教育大辞典》中提出教育由教育者、受教育者、教育内容和教育环境四个要素构成，即“四要素说”；美国教育家格雷戈里（Gregory）指出教育由教育主体、教育目标、

教育内容、教育手段、教育环境、教育途径六个要素构成，其中教育主体即前文所述的教育者和受教育者，这就是人们常说的“六要素说” 。除此之外，还有其他的一些观点，在此不一一而论。在这些观点中，“四要素说”相对较为科学，也最容易理解，因此其应用范围也最广泛，在本文中也采用这种观点。

民族教育作为一种特殊形式的教育实践活动，也应该由教育者、受教育者、教育内容和教育环境四个要素构成。这些要素相互作用、相互影响，共同构成了一个复杂的有机体。同时，构成民族教育实践活动的教育者、受教育者、教育内容和教育环境都有复杂性的特征。具体表现在以下几个方面。

1. 从教育者和受教育者来看

不论是教育者，还是受教育者，都是世界上最复杂的生命体。民族教育的教育者和受教育者更是如此，因为他们在语言、文化、心理、生理等方面都具有比较明显的民族特性和文化特性，这就要求民族地区学校教育更多地考虑民族地区教育者和受教育者的实际需要。具体地说，民族地区学校的办学模式、办学类型、教学方法、课程设置、教学管理等方面既要符合普通教育者和受教育者的身心发展规律，还要满足民族地区教育者和受教育者特殊的需求。这在无形之中就使教育者和受教育者的特性变得更为复杂。

2. 从教育内容来看

民族教育在国外又被称为跨文化教育、多元文化教育。在我国民族教育也要基于文化多样性的现实，在传播人类共同的文化知识的同时，还要传授本民族和其他民族的优秀文化。这就要求各级各类民族学校一方面要按照国家统一的课程标准和审定教材进行教学，另一方面要进行本民族和其他民族文化知识的教学。

为了更好地在民族学校传承多元文化，需要在教学载体上采取相应的对策。一般来说，教学载体主要包括教学语言和教材。在教学语言上，许多民族学校都根据民族地区的实际情况，采用双语（汉语和少数民族语言）或三语（汉语、少数民族语言和外国语）来进行课堂教学。在教材方面，民族学校除使用国家统编的教材外，还要使用民族文字教材和自编教材。从以上对教育内容及其语言载体的分析来看，民族教育的教育内容比普通教育的教育内容更复杂。

3. 从教育环境来看

学校教育环境是学校教育活动所必需的各种条件的综合，是按照人的身心发展这种特殊需要而组织起来的育人环境。依据环境组成要素的特征可以将学校教育环境分为物理环境与心理环境两类。其中，物理环境主要包括校园、校舍、教育设施、教室，以及教室中的色彩、照明度、温度、背景、噪声、班级规模及人数、课堂座位编排方式等；心理环境主要是指教师与教师、教师与学生、学生与学生等人与人之间的相互作用而形成的心理氛围，如校风、班风、课堂教学气氛、各种人际关系等。民族教育中的物理环境与心理环境更多受民族地区的政治体制、经济建设、民族文化、地理环境等区域特征的影响。这些区域特征在很大程度上不同于其他地区，但是这些区域特征都会反映到民族地区的教育环境中。单从心理环境中的校园文化来看，就可以体会到这种复杂性。

民族地区的校园文化建设不仅要有一般校园文化的特征，还要凸显其民族性和地区性；不仅要从当前社会的宏观环境出发，还要充分考虑我国的现实国情，更要彰显民族地区的个性需求；不仅要将社会主流文化融入校园文化中，更要将民族的风俗习惯、传统节日、艺术活动、价值观念等纳入校园文化建设的轨道；等等。管中窥豹，可见一斑。在民族教育的教育环境的其他方面亦是如此，这种复杂性体现得较为明显。

综上所述，不论从哪个角度审视民族教育实践活动，都可以发现其具有复杂性的特征。从前文所述的复杂性理论来看，像民族教育实践这种复杂的活动，需要采取多学科的研究策略才能更深刻、更全面、更科学地理解其本质，从而为民族教育实践活动的开展指明方向。

（二）民族教育学科的跨学科性需要多学科研究策略

学科间的交叉研究是自然科学、社会科学和人文科学发展到一定阶段的产物，这也是当代学科发展的趋向。当前涌现出越来越多的学科，这些学科是由传统学科交叉而形成的。民族教育学就是在这种潮流中出现的一门交叉学科。

一般来说，民族教育学是由教育科学（教育学科群）与民族科学（民族学科群）相交叉而形成的一门具有综合性质的边缘学科。其中，教育科学中的马克思主义教育理论与民族科学中的马克思主义的民族理论是该学科的理论基础。民族教育学除了受教育学和民族学等学科的影响外，还受其他众多学科，如自然科学、社会科学与人文科学的影响。其中，社会科学中的哲学、文化学、语言学、政治学、经济学、人口学、宗教学、民俗学、管理学、社会学、生态学、心理学、历史学、文学等学科，自然科学中的生理学、数学、物理学、医学、信息技术等学科，人文科学中的音乐、舞蹈、戏曲等学科都会影响民族教育学。民族教育学就是在众多学科的影响下而逐步形成的，因此从学科性质来说，民族教育学具有跨学科性。

民族教育学科的跨学科性意味着在审视这门学科时，不能仅仅从该学科自身出发，而要将其置于教育学、民族学的学科视域中来探讨，将其放在相应的自然科学、社会科学与人文科学中来分析。换言之，需要采取多学科研究策略来分析民族教育学。

唯有如此，才能对民族教育学有更加全面、更加多元的理解和认识。

（三）民族教育研究方法的多元化需要多学科研究策略

在我国，民族教育研究可以从广义和狭义两个角度来理解。从广义上看，民族教育研究是通过研究包括汉族在内的各民族的教育现象，解决各民族教育发展中的问题，进而揭示各民族教育的特殊规律以及跨文化教育的一般规律。从狭义上看，民族教育研究主要是探讨我国少数民族特有的教育现象，解决少数民族教育发展中的具体问题，进而揭示我国民族教育的特殊规律。为了把广义的和狭义的民族教育研究区别开来，也有学者将狭义的民族教育研究称为民族教育研究。一般来说，学者们倾向于运用狭义的民族教育研究概念，本文所提及的民族教育研究亦属于后者。

从对民族教育实践活动的分析来看，发现这种实践活动具有复杂性，需要采取多学科研究的策略。从对民族教育学科的分析来看，了解到民族教育学这门学科兼有教育科学和民族科学的双重性质，同时兼受社会科学、人文科学和自然科学的影响，是一门具有综合性质的交叉学科，需要采取多学科研究的策略。对此，孙若穷等人指出，“民族教育研究是一项‘跨学科’研究，需要有关各学科专家学者的参与，是一项巨大的系统研究工程”。民族教育研究的跨学科特点在研究方法上体现得最为明显。

从民族教育研究的发展历程来看，其最初的研究方法主要是从教育学或民族学等学科“借用”一些研究方法来研究民族教育问题，随着跨学科、交叉学科的涌现，民族教育研究的方法也逐渐走向多元化，除了运用教育学或民族学的研究方法，还大量地运用心理学、历史学、社会学、语言学、文化学等跨学科、跨文化的研究方法。时至今日，现代的教育技术学、信息工程学的相关理论与方法也被引入民族教育研究中。民族教育研究方法的多元化趋势愈加明显，如果单单引用这些学科的研究方法，而不对其进行有机整合，不可能使民族教育研究取得长足的发展。为此，民族教育研究也需要采取多学科的研究策略。

（四）民族教育中文化的整体性需要多学科研究策略

自教育活动产生以来，人们就没停止过对文化与教育之间关系的探讨。从文化和教育的视角分别来阐述两者之间的关系：从文化的视角来看，文化不仅影响着教育内容，而且制约着教育观念，并规定着教育模式；从教育的视角来看，教育不仅传承了文化，而且融合、交流了文化，并创造着文化。对于从事民族教育工作的人来说，可能对民族教育与民族文化的关系更为关心。钱民辉指出，“民族文化和民族教育是互为依存、互为促进的，民族文化是民族教育的源泉，民族教育是民族文化得以保留和传承的重要途径”。由此，发现文化和教育的关系与民族教育和民族文化之间的关系几近一致。针对它们之间的关系可以用一句话来概括，即教育与文化之间、民族教育和民族文化之间是一种交融、共生的关系。因此，如果研究教育，必须研究文化；如果研究民族教育，必须研究包括民族文化在内的多元文化。

以下将从文化的定义和民族文化的构成来分析民族教育与多学科研究策略之间的关系。

几乎每一个学科甚至每一个学者都有自己对文化的界定，郑金洲指出，“据不完全统计，有关文化的定义至今已不下三百余种”。在此，依然采用爱德华·伯内特·泰勒（Edwards Bumett Tylor）的定义。他指出，“文化是个复合的整体，它包括全部的知识、信仰、艺术、道德、法律、习俗和作为社会成员所掌握和接受的任何其他才能和习惯的复合体”。从这个普遍接受的定义来看，文化是一个由一系列要素组成的有机整体。前文已经多次指出，对于类似的复杂性事物，不仅单学科研究无能为力，就连跨学科研究也显得捉襟见肘。鉴于民族教育和民族文化之间的关系，在民族教育研究中必须采用多学科研究策略。

少数民族文化简称民族文化，是一种亚文化，具有文化的全部特性。了解民族文化应该首先分析其结构。学者们对中国少数民族文化结构的讨论，众说纷纭。在我国民族学界具有代表性的著作中，对民族文化结构的分类由早期一般主张物质文化与精神文化的二分法，发展为主张民族文化分为三个方面（物质文化、精神文化和社会组织／社会结构）的三分法，进而把少数民族传统文化结构划分为基础结构（包括生态结构、经济结构、政治结构）和价值结构，又根据传统文化的内容和功能把民族传统文化分为衣食住行方面的生活文化、婚姻家庭和人生礼仪文化、民间传承文化、科技知识工艺文化、信仰崇尚文化、节日文化六个门类。在此采用四分法来分析中国少数民族文化的结构。“四分法”，顾名思义，就是将我国少数民族文化划分成物质文化、精神文化、制度文化和行为文化四个方面。其中，精神文化主要是指各少数民族的意识形态，如伦理道德、宗教信仰、世界观、人生观和价值观等。物质文化又称为器物文化，是指那些有形的、可以感知的物质和精神产品，如民族建筑、民族食品、民族服饰、生产和生活工具等。制度文化则是指少数民族为了自身生存、社会发展的需要而主动创制出来的有组织的规范体系，如政治制度、经济制度、家庭制度、亲属制度、法律制度等。行为文化是指少数民族在社会实践，尤其是在人际交往中约定俗成的习惯性定势，如民族语言、民族文字、婚丧嫁娶习俗、节庆民俗等。从民族文化进行的结构分析来看，如果对民族文化教学研究，就必须同时借助语言学、宗教学、政治学、经济学、历史学、生物学、心理学等多种学科，也就是说只有采用多学科研究策略才能系统全面地理解民族文化。

/ 第五章 /
少数民族职业教育与全民族教育的管理制度探究

教育是民族进步与发展的基础，少数民族文化素质状况对整个国家的繁荣和稳定，对国民经济及文化发展有着直接的影响。民族教育作为提高少数民族整体素质的有效途径，历来都是教育领域研究的热点问题之一。本章重点阐述了少数民族地区的职业教育发展与创新、少数民族教育政策目标的制定与效能提升路径以及健全民族教育的管理政策制度创新。

第一节 少数民族教育政策目标的制定与效能提升路径

一、少数民族教育政策目标的制定

改革开放以来，我国民族教育领域频繁推出各种改革措施，这些改革措施多以政策的形式出现。虽然政策的目的和内容各不相同，但是可以总结出一些反复出现的民族教育政策问题及现象。比如，民族地区的家长、教师、校长等对教育的需求越来越广泛、具体，却没有机会进入政策系统直接表达诉求。决策者期望通过特定的民族教育政策产生某种特定的效果，但是对政策执行所处的政策环境，尤其是民族地区文化多样性却鲜有关注。

由于政策制定本身的目标带有一定的模糊性，且政策环境又存在区域的独特性和差异性，在民族教育政策执行过程中，政策制定者一方面希望政策执行者能够因地制宜，另一方面又不能与政策目标相去甚远。这对于政策执行者而言是一个巨大的挑战。还有，在民族教育政策执行过程中，一些人期待通过政策影响现实，另外一些人则认为这些政策并不重要。当这两个群体的力量出现抗衡的时候，不同地区政策执行的形式和途径会大相径庭。同时，尽管政策执行者实际上对政策文本的理解程度存在差异，但会受到行政规制和政治因素的直接影响。作为执行政策的关键人物，教育管理部门和学校尽管意见各有不同，但是必须与政策的取向保持原则性一致。凡此种种，在整个政策执行过程中，国家政策、地方政策、教育管理部门、学校、教师和学生之间都存在某种程度的张力。上述种种民族教育政策现象预示着民族教育政策的特殊性。首先，民族教育政策并非是政府单向的指令或群众对权利的诉求，而是反映了各种群体、部门之间关于利益和资源的妥协和折中，这体现了民族教育政策的高度政治性。其次，民族教育政策的价值取向更加多元化，除了大量关涉有形资源和实质权利分配的物质性政策之外，还有更多的分配价值资源的象征性政策，比如，民族教育政策对社会公平、公正、平等的干预。在了解民族教育政策特殊性之前，有必要充分了解民族教育政策的目标。

（一）理解政策目标

一个社会的教育应该遵循什么样的行为准则和价值规范，就意味着政府的公共教育政策应该追求什么样的教育目的和价值。背后“应该”参考和依据的核心是什么，大多体现在政策目标中。一般来说，政策目标多是要解决一个现实的社会问题或潜在的社会问题。但是，并不是所有的教育政策都是为了解决问题。有的教育政策的出发点不是现实的政策问题，而是一种主观建构的教育理想，是对未来教育的一种应然判断。

1. 政策目标的类型

（1）理想目标。理想目标是特定政策所追求的最理想化的目标。这种理想往往是对一种美好状态的向往，如教育公平、基础教育均衡发展等，它是在假设一切条件、资源都具备的情况下才能达到的理想状态，但实际上无论是教育公平还是教育的均衡发展都是相对的。

（2）预期目标。预期目标一般是为了解决一个现实的问题。预期目标的实现要注重考虑目标约束条件以及现实条件提供的可能性，而且往往要分阶段实现短期目标。比如，随着国民经济的不断发展，基础教育的投资力度也在不断增大，从收费、免除课本费到农村义务教育全部免除收费的政策，体现了国家教育兴国的发展战略和部署，为解决部分农村家庭子女上学难的问题予以经费的保障。再如，随着城市外来务工人员规模的扩大，其子女入学问题成为一个社会问题，“借读费”“赞助费”加重了家庭负担。为此，国家相关部门专门出台政策鼓励并要求各中小学接受这些学生，并禁止出现拒绝接纳外来务工人员子女的现象。

（3）现实目标。现实目标是指政策预期目标的实现程度，也可以理解为政策效果的一部分内容。但政策效果并不是政策目标的全部内容，因为政策有预期的产出和非预期的产出。预期的产出与政策目标密切相关，非预期的产出并不见得都是不理想的，只是超出了当初预期的目标，是政策的“副产品”。例如，布局调整政策追求学校的适当合并以实现规模效益，提高基础教育质量。但是合并出现了种种非预期效果，如有低年级学生因为远离父母产生了情感缺失问题，同时，也出现了少数民族学生与汉族学生一起交流提高了普通话水平的现象。

2．政策目标的特性

（1）含糊性。教育政策的目标往往都具有含糊性。如 2001 年 5 月颁发的《国务院关于基础教育改革与发展的决定》第十三条要求地方政府“因地制宜调整农村义务教育学校布局”，要“按照小学就近入学、初中相对集中、优化教育资源配置的原则，合理规划和调整学校布局。农村小学和教学点要在方便学生就近入学的前提下适当合并，在交通不便的地区仍需保留必要的教学点，防止因布局调整造成学生辍学。学校布局调整要与危房改造、规范学制、城镇化发展、移民搬迁等统筹规划。调整后的校舍等资产要保证用于发展教育事业。在有需要又有条件的地方，可举办寄宿制学校”。2001 年的新课改中要求培养学生的“创造力、问题解决能力、想象力”，“课改具体内容就是从应用教材、教育模式、教育理念到考核模式所发生的有目的、有标准、有成果的新尝试、新变化”等。这些政策目标表述往往是模糊的、不确定的，当然也无法量化。

（2）多元性。政策的目标是多元化的。如布局调整政策，既要保证学生就近入学，又要提高规模效益，同时还要保证教育质量。一般情况下，就近的学校多为教学点，而教学点的教学条件、设施、师资相对比较紧缺；如果集中起来办学，规模效益能够保证，但是因为班额增加对教师教学、学生学习效果又会产生一定的负面影响。因此多元化的目标有可能带来目标上的冲突，影响目标的实现。这就要求区分主要目标和次要目标，也不可能期望政策在实现预期目标之外不产生副作用。

（3）相关性。政策目标与政策问题紧密相关，对政策问题做出什么样的诊断，就会有什么样的政策目标。比如，认为当前教育内容陈旧、教学方法单一，就会有“更新教学内容、改进教学方法”的新课改；认为当前少数民族文化不能在学校传承，就会有民族民间文化进校园的活动。

（4）可行性。政策目标的可行性包括政治上的可行性、经济上的可行性和技术上的可行性。政治上的可行性比如政策试点的提法；经济上的可行性主要是指政策资源对实现政策目标的限制；技术上的可行性主要是指政策方案的可操作性，也是指技术条件或技术环境为政策目标实现所提供的支持。

（5）超前性。政策目标应该是基于现实情境，对未来一定时间内可能达到的期望状态的描述，是优化了的目标。如民族民间文化进校园，可能缺乏师资难以开设正式的课程，但是不等于只有课堂才能传递民族民间文化，校园环境、人文风气都是潜在的影响，不能等到所有的资源都完备的时候再去保护民族民间文化。

（二）政策制定的常见问题

1. 政府体制对政策制定的排他性影响

首先，在政策制定中，政府体制的影响是显而易见的。首先是教育行政管理部门的组织形式。在集权制和分权制这两种不同的政府体制组织形式下，决策权限在上、下级之间的分布是不同的。集权制下的决策往往依赖上级的决策或旨意；分权制下的决策则有很多来自下级本身的意愿。在教育政策制定过程中，政府承担了排他性的角色，其他组织、群体很难参与到政策制定当中来。因此也导致人们认为“政策”理所当然由政府制定的心理惯性。改革开放以来，中央教育管理部门多次调整与地方教育管理部门的关系模式，地方的决策权有所扩大，但在这种调整过程中也出现了“一放就乱、一统就死”的恶性循环现象。

其次，教育管理部门制定政策的决策程序。美国政治学家阿尔蒙德（Gabriel Abraham Almond）说：“决策规则划定了一个范围，政策竞争者必须在此范围内制定其战略和策略，并开展政治斗争。”所以，教育政策制定的决策程序实际上在一般的意义上规定了教育政策制定的过程。目前，我国制定教育政策的多是国家部门，如国务院、教育部、国家民委、省级教育主管部门，这些部门都是从行政管理的角度制定政策，其决策程序表现为明显的“自上而下的政策制定”。

2. 政策制定主体的精英模式

从政策制定主体角度看，政策制定主要有三种模式：精英模式、共同体模式和公众模式。后两种模式是基于共同选择的一致认可的模式，而选择主体的范围也有差异。尽管我国正在经历从精英模式向共同体模式的转变，但基于我国的历史状况，从教育政策制定的实践来看，精英模式是我国教育政策制定的主流模式，会在一个较长的时期占统治地位。由于精英模式固有的缺陷，教育政策不可避免地存在一定程度的问题。作为教育政策系统一部分的民族教育政策，当然也呈现出同样的特征和问题。

（1）在民族教育政策问题的认定上，以精英价值取代社会价值

这既是一个客观判断的过程，同时又是一个主观选择的结果。客观存在的民族教育问题，采用何种教育政策模式来解决，取决于教育政策主体主观上对该问题的

判断和认定，也就是说，不同的主体会有不同的认识，这涉及教育政策主体的价值选择。教育政策的价值选择是教育政策制定者在自身价值判断的基础上做出的一种集体选择或政府选择，蕴含着教育政策制定者对政策的期望或价值追求，体现了政策系统的某种价值偏好。不同的价值倾向对教育政策问题会有不同的认定。

从当前政策制定主体来看，主要以精英群体为主。要清晰地定义“精英”的概念。可以用行政权力，又可以用获得的收益来定义。但是同时必须注意到，精英身份已经不再和利益回报具有同等含义。因此，不能用衡量社会分层的指标（如拥有财富的多寡）来定义精英。在这里，采纳了美国政治学学者米尔斯（Mills）的定义。米尔斯的“精英理论”将“权力精英”定义为少数有权势的能够对政策产生影响的人，主要由政治精英（美国政府中少数身居要职者）、经济精英（主要由美国几百家最大的公司首脑）和军事精英（军方最高级领导人）三大部分人组成。之后，戴伊（Dyve）又将“权力精英”逐步扩展到新闻制造者、大律师、基金会组织负责人、思想库的负责人以及美国名牌高校的校董。从定义不难看出，所有潜在的对政策决策过程产生影响的人基本都是精英群体，应该包括政治/行政精英（如政府官僚、党政干部或国有企业管理者）、经济/管理精英（如私营企业或其他非公部门的管理者）和知识/技术精英（如高校学者、科学家或技术官僚）。精英群体的价值导向决定了政策问题的认定及其政策影响的方向。

以布局调整政策为例，随着计划生育政策的落实，人口减少比较快，有些地区学龄期儿童数量也相应降低，导致一些地方的学校慢慢合并。但是这种现象只是出现在部分地区，而且社会的发展使这些学校自然地选择合并或撤掉。但是某些政治精英认为这是一个普遍性问题，需要治理，于是布局调整政策出台。从各地纷纷撤并的学校数量和出现的种种问题不难得知，不是所有的地区都必须进行布局调整，当然也没有必要以外在的力量强势推动教育布局的变化。

（2）在教育政策目标的确认上，以精英利益取代实质上的公共利益

民族教育政策作为公共教育政策的重要构成部分，政策的目标必然是教育领域中的公共利益。公共利益是整合的利益，带有明显的主观性，必然蕴含教育政策主体的主观倾向，有可能在教育政策的目标确定上，在实现所认定的公共利益的同时，更多照顾精英阶层和相关群体的利益。更严重的后果是，以精英利益（也就是形式上的公共利益）取代公共利益，以合法的方式实现精英的利益，把教育政策异化为实现精英利益的工具。

（3）在教育政策方案的选择上，以精英认知取代社会期待就是公众对政策主体的行为，以及政策所体现的价值所寄予的希望，是政策制定环境中的一个重要的构

成要素。既然教育政策的主体是少数精英，从应然的角度讲，精英的认知应能代表社会期待。关键的问题是：精英的认知如何代表社会期待，在教育政策方案的抉择上，精英能否了解社会公众的要求，了解社会公众的爱好、需求和厌恶。目前政策制定制度还有待完善，精英拥有话语权和制定教育政策的公共权力，缺乏关注社会期待的必要性和压力，导致精英认知取代社会期待，实然和应然之间存在较大距离。有专家就教育公平问题，对精英的认知进行了调查研究，结果表明，关于如何理解教育公平问题，精英的认知与社会的偏好存在明显的偏差。

在民族教育政策中，当然也存在这样的现象。在对双语教育政策的调研过程中，行政管理部门、研究者对于双语教育的重大意义深信不疑，而校长、家长则不然。一位校长告诉我们：加授藏语课，对学生来说是一种学业负担。他说："我们国家本身是汉族众多，人们必须学习汉语，看电视、看报纸，了解国家发生的重大事件。如果学生的汉语过关就可以了解，但是现在本身汉语都不过关，再加上藏语，我觉得负担太重。我是这样认为的，英语要加强，汉语更要加强。"同时，精英推崇效率、绝对公平的价值取向影响政策对弱势群体的倾斜。教师队伍建设中不注重招收少数民族教师，一些少数民族聚居区教师招聘强调考试成绩，而少数民族考生往往因为成绩达不到要求而不能被录用，这些都是造成当地少数民族教师缺乏的重要原因。"特岗教师"招聘过程中也存在类似情况。不可否认，教育政策主体的精英们一直在努力使教育政策符合社会的期待，但由于精英模式固有的缺陷，精英认知与社会期待之间总会有一些差距，使教育政策更多反映精英的利益、价值和偏好，未能很好体现民众的需求。

3. 少数民族基础教育政策价值目标存在不一致

少数民族基础教育政策价值目标不一致表现为：对少数民族基础教育的认识不一致，集中体现在对少数民族文化与学校教育关系的认识。如一位教师这样说："我们这里民族多，有些村落需要讲 3 种民族语言，一些学生根本就不会讲汉语，如果一进入学校就用汉语进行教学，那会给他们造成很大的学习困难，因此，用双语教育，借助学生的母语优势来帮助开展教学，才能够帮助学生更好、更快、更顺利地适应学校教学"，但是"近年来，由于领导的不重视，村完小几乎完全用汉语授课。由于学校内几乎没有汉族学生，却要求用汉语授课，所以低年级的学生大面积地出现学习障碍。基础薄弱影响学生积极性，导致高年级学生厌学、辍学率很高。上面有领导说'搞什么都不搞双语教育'，因为他觉得民族语言没有用。"因此，实行双语教育，首先要明确其价值目标到底是什么，是为了让学生适应汉语学习，提高成绩，还是要保护民族文化？此外，普适性教育政策价值取向与少数民族特殊需要之间存在不一致。

当前，少数民族基础教育中缺乏对个体文化素养养成的内容。如一些教师对新课改抱怨道：“中国教育体系的成败不是学生的问题，不是学生基础薄弱的问题，而更多地取决于教育政策是否得到有效地制定、实施和完善。现在新课改改来改去，让老师都搞不清楚到底该怎么开展教学了，一些新教材知识量很大，但是上课就只有 45 分钟，老师要在有限的时间里讲清楚这些知识点，有一定的难度，而且农村地区的孩子知识基础本来就比较差，老师有时根本教不完教材里的知识内容。”

4. 全国性教育政策与少数民族教育特殊性之间的矛盾

全国性教育政策强调其政策的普遍适用性，并不是要求每项政策都要考虑到特殊性，但有些政策要考虑到有些群体或有些地区的特殊性。少数民族教育具有特殊性，而全国性教育政策对其特殊要求的忽视，会不利于甚至阻碍其发展。寄宿制的建立，确实为一些地区规模办学、提高效益做了贡献，发达地区可以为学生配备校车，民族地区却需要学生走很远的路。这种差异给民族教育带来很多困扰。

5. 政策缺乏对历史、社会及文化因素的考虑

政策中的社会文化因素指制定公共政策时所处的一定的历史、社会、文化条件。但历史的因素不是单独起作用的，而是渗透、凝结于历史和社会的因素之中，所以，这里只对历史和社会的因素做简要分析。

（1）历史的因素：影响公共政策制定的历史因素其实不是历史本身，而是历史的积淀物，即传统。在民族教育政策制定中，传统影响因素有两种：①传统文化，有着强大的亲和力，影响是潜移默化的；②教条式的传统，其优势在于高度集中统一的组织体制能够充分调动一切资源达成目标，尤其在危机决策时更是如此。但在现代化阶段，这种传统固有的弊端日益凸显，决策失误频发，如命令主义造成的瞎指挥，运动式决策思维导致政策过程的非连续性等。这两种传统互动交织，形成一种独特的政治文化。如美国政治学家阿尔蒙德（Almond）等所言，政治文化影响各个担任政治角色者的行为、他们的政治要求内容和对法律的反应。可见政治文化对政策制定的影响虽非直接却是深层次的，值得分析。

（2）社会的因素：民族教育所处的社会环境独特，具体表现为：①经济欠发达和发展不平衡；②人口数量不多，但分布广泛；③民族地区文化传统、风土人情及观念丰富多样，同时对民族教育政策产生深远的影响。如布局调整政策文本是这样阐述的：“因地制宜调整农村义务教育学校布局。按照小学就近入学、初中相对集中、优化教育资源配置的原则，合理规划和调整学校布局。农村小学和教学点要在方便学生就近入学的前提下适当合并。”民族地区学生大多上学路途遥远，有的教师反

映“学校合并之后，寄宿生离家较远，动辄数公里，有的是家长骑摩托车接送，有的是自己步行回家，麻烦且不安全”；合并之后原来的民族中学有的也撤掉了，“以前因为是民族中学，因此学生还有补助，还会发一些笔墨纸张之类的。民族中学属于民宗局管辖，因此会享受一些优惠政策，如学生毕业升入K县民族中学（高中）可享受降分政策。现在都没了”。

实际上，在民族教育政策制定过程中，对这些独特的历史、社会及文化因素的考虑并不全面、细致和深入。

（三）制定具备文化敏感性的民族教育政策

从现代社会的发展情况来看，文化一直处于不断分化和解构之中。以往统一的、整体性的世界观、价值观逐渐分裂瓦解，在各个领域之中都有各自不同的道德、价值标准存在。正如哈贝马斯（Jiirgen Habermas）所言，自18世纪以来，从这些古老的世界观中遗留下来的问题已经被人安排分类以列入有效性的特殊方面：真理、规范的正义、真实性与美。那时它们被人当作知识问题、公正性与道德问题以及趣味问题来处理，科学语言、道德理论、法理学以及艺术的生产和批评都依次被人们专门设立起来。

首先，社会整体系统与结构中文化系统与经济、政治系统的关系不是绝对隔离的，文化系统以一种信仰和观念的方式对经济、政治系统产生影响。主要表现为，文化通过自己的教化功能，不断地加强并丰富着人对经济、政治的认识和理解，不断地完善人的心理结构和政治意识，从而推动人们的经济、政治行为的不断成熟和发展。

其次，文化通过普遍性的意识渗透对经济、政治产生影响。在现代特别是后现代社会中，文化在不断地被解构、被扩散。文化正在向着多元的方向发展，文化对经济、政治的影响越来越具有弥散性和普遍性。

最后，整个社会不再共享一种价值观和认识世界的信念，被统治阶级也不再必须信奉统治阶级的价值观和人生信仰。不同的部门、社会阶层都可以有自己的价值信仰和生活模式，因此文化具有不断扩散化并呈现多元的特征。这一现象所带来的结果就是人们在自我实现和自我满足方面的需求得到进一步发展，不仅在文化上可以最大限度地实现自我，而且在一定程度上有利于调节人们的社会角色。它可以使人们通过不断被唤醒和被解脱，达到内心的满足与和谐，从而弥补了生活和社会行为上的裂缝与矛盾。这种发自内心的解脱与和谐是超越民族、种族、性别和阶级的，因而也是最牢固的。这是文化的政治实践，也许就是文化的魅力和对经济、社会的作用之所在。

文化一方面具有独立于经济、政治的特征，从而确保了自身的独立性和自主发展的可能性；另一方面，文化又存在众多与经济、政治联系的方式、途径，从而具备了伸张正义，建立自身在社会经济、政治领域中的权威的可能性。正是这种特征以及与经济、政治的关系，成为文化进入社会经济和政治领域的至关重要的前提与基础。与此相关，作为一种与政治有着密切关联的社会活动，政策的政治和行政特征是不言而喻的。在政策的目标、内容以及政策制定、执行和评价过程中，尽管带有很浓厚的政治性色彩，然而，连政治本身都难以避开文化的影响，那么可想而知，政策肯定也是难以逃脱的。在政策目标、政策内容以及整个政策过程中，文化的影响也是客观存在的。而我们要做的，不是忽略这种影响的存在，也不是故意夸大或缩小这种影响的存在，更不能固执地否认文化在其中的影响，而是要以客观的、实事求是的态度面对现实，从而寻求文化与政策恰切的相处、融合之道。

政治的文化性倾向决定了政策的文化特征，政策内容的文化性倾向也就必然地要求手段和途径的文化化，这就要求作为重要手段和途径之一的政策也随之变化，逐渐改变以往宏大叙事的政策模式，着眼于具体内容和问题的解决。更进一步说，就是政策要随着政治的变化逐渐向微观政策、生活政策和文化政策转变，实现政策的文化性转向。

从过程的影响因素来看，政策的利益相关者即公众往往是政策研究中容易被忽视的一个群体。因此，也有研究者提出，我国政策研究中要面向政策利益相关者，确立第三种立场。毫无疑问，公众是政策过程的最大影响者也是最终的利益相关者，如果政策不能以公众利益为基点，不能从其实际出发，那么政策的效果是可想而知的。这就要求我们建立一种决策者、研究者、利益相关者之间相互对话、沟通的政策研究范式。不仅关注政策结果的实际效用，重视政策过程中的公众参与和公众影响力，并且要把公众的力量运用到政策的实际研究中，通过公众参与，倾听公众声音，关注公众需求，进一步推动民族教育政策研究的科学化、针对性和可操作性。

应树立与保持民族教育政策的文化敏感性意识。文化敏感性提出的社会背景是一种多种文化并存的多元文化社会，强调在面对多元文化的情况下，应该努力增加对不同文化价值的理解。具体到科学研究和实践中，就是要从客位的角度，把他方的文化价值融入研究和实践中，用与利益相关者相适应和融洽的文化理念解释相应的研究，并指导实践工作。再进一步分析，与文化敏感性相反的一面就是文化不敏感。也就是说，在不同的文化面前，没有辨别的能力或视而不见，表现出一种高高在上的姿态，习惯或倾向于从已有的、自我的文化观点和价值标准出发，开展对“他文化”场域问题的研究和实践工作。在现代社会中，文化的不敏感往往是指所谓的主流文化群体对所谓的弱势文化群体及其文化的不敏感，因此，这种文化上的不敏感很大程度上又表现为一种精英主义的文化霸权。文化不敏感现象的存在，不仅影响到理论研究，而且不利于社会实际工作的开展。特别是在多民族国家中，它不仅牵涉文化的尊重问题，甚至还会影响到政治、民族等敏感性问题。因而，对于民族教育政策这样一个特殊的政策领域而言，开展带有文化敏感性的民族教育政策研究工作，显得尤为必要。可从以下几个方面来理解文化敏感性。

（1）文化敏感性首先表现为一种对待不同文化的观念和态度。就是要在不同的文化面前，保持一种警觉和敏感的态度，始终意识到文化多元的存在。

（2）文化敏感性表现为一种对文化主体的尊重。也就是能够听取文化主体的不同声音，从不同的文化主体的角度来研究问题，指导实践，努力使对问题的解释符合文化的逻辑，解决问题的实践能得到来自当地文化价值评判标准的认可。

（3）文化敏感性还反映在对待具体文化的态度上。即在实践中，不仅注重静态的文化及其具体表现形式在研究实践中量的多少，而且要把文化中所蕴含的思想、价值、意识、信仰等融入研究实践中，实现研究实践对文化的质的反映。

（4）民族教育政策的文化敏感性不仅表现在民族教育政策的内部，也蕴藏在其外部的各种关系之中。

二、少数民族教育政策目标效能提升路径

（一）学校机构政策目标效能的提升

学校是教育政策的最终落脚点，任何一项教育政策的落实不可能脱离学校。教育政策执行过程中有诸多教育主体，在学校层面中的教育政策主体中，校长和教师对政策执行成效具有重大的作用，其中，校长是教育政策执行的关键环节。虽然一向把学校校长简单地定位为政策执行者，但校长作为具体教学单位的领导人，熟悉学校的基本情况，对学校资源布局具有重要作用；学校校长也是能否带动和监督教师具体落实政策的关键因素。因此，校长是对上级政策重新解读的关键环节，是把上级政策具体化为实践的执行者，相对而言，这一层面也是政策重新决策、再制定的过程。可以说，校长的政策敏感性、认同性、责任感、创新性、互动性对教育政策的效度将产生多重影响。

所以，关注学校层面在教育政策执行过程中的地位和作用，加强对学校层面教育政策主体如校长和教师的政策知识和能力方面的培训，关注和提升他们在实践中采取的创新性措施等，都有助于政策执行过程的科学、民主，保证政策取得实效。

1. 学校作为少数民族基础教育政策实施的条件

长期以来，人们普遍地认为教育政策必须而且只能是来自“上面”的决定，只

有见之于上级政府机关的红头文件才是政策，以致认为学校校长及教师只是被动的执行者，而忽视其主动性。

（1）学校措施是创新性政策的源头

前面也提到学校往往被认为只是政策的被动执行者，但学校在面对教学管理工作中的困难和问题时，需要采取具体的措施来切实解决。这些具体措施是学校校长和教师主观能动性的体现，有些是为执行政策而制定的措施，有些是为解决当地学校教育面对的实际问题而采取的措施；后者因其适切于当地社会文化，利于解决当地学校教育问题，并其实施经验可以推行到其他地区来解决类似的问题，因而获得行政部门或教育行政部门的认可和采纳，作为自上而下的政策来推行。它不同于自上而下的政策在于：它不是基于作为政策问题的讨论、确定，并经过一系列的程序所形成的政策，而是对实践中经验的归纳、提升和推广实施。

（2）学校采取的措施影响政策执行成效

学校校长负责处理学校的日常教学科研活动，似乎与政策执行距离比较远；但按照校长负责制规定，校长享有机构设置权、人事管理权、经费使用权、教育教学权、课程设置权等权限。校长具有支配全校资源的权限，因而校长可通过日常的全校管理工作和资源调配等来影响政策执行的成效。校长也可以通过构建学校隐性制度文化来引导、激励教师落实相关政策。教师也并不远离政策，在与学生、教学科研紧密相关的政策执行过程中，教师行为对这类政策执行成效的影响更大，因为这类政策落实到位，要靠教师具体、日常的教学科研管理活动来完成。虽然有些地区的校长有职无权，不能参与到当地政策制定和上级政策执行方案的制定过程中，但他们可以凭借对学校内部资源控制和调配的权限灵活运用政策相关规定。

2. 保证学校实施少数民族基础教育政策的措施

学校层面在执行少数民族基础教育政策时主要存在三个层面上的问题。

（1）政策理解层面

主要表现为对政策文本内容理解不充足或对政策执行了解不够。校长及教师存在政策知识匮乏，许多校长认为自己只是奉命在管理一所学校，上级怎么说自己就怎么做，这种错误的观念直接导致校长对自身政策主体地位的忽视，加上学校工作繁忙，很多校长对教育政策研究甚少，更谈不上对教育政策科学知识的系统学习。这些导致校长不能透彻理解上级教育政策的精神和在思想上达成共识，因此无法主动、灵活地执行教育政策，更谈不上全面参与教育政策的研究和制定。同时，大部分校长对政策反应比较敏感，却是被动接受，认为有些政策是行政的产物，不是科学的产物。因而，少数校长在政策执行中存在执行不力，缺乏创造性，学校的决策或政策执行过程中凭借领导个人的主观愿望办事，致使学校决策缺乏长远性和整体性的布局，其结果是没有条件也要上，办学条件变差，无法保证和提高教学质量。有些学校不是实实在在地开展工作，不是按照教育的规律解决教育问题，而是用行政的手段解决业务问题。

（2）制度层面

主要表现为有些地方学校校长现有的权限不足以参与到政策制定过程中或校长参与教育政策制定过程的机制不完善。因而有些地方中小学校长并没有完全具备管理学校所需要的实际权限，出现有职无权，缺乏必需的资源，包括经济资源、政治资源、文化资源和人才资源等。而且，虽然中小学校长及教师是了解地方和学校实际问题的基层工作者，应该是政策执行方案和地方政策制定的参与者，但人微言轻，校长及教师的意见往往很难成为决策的参考。

（3）观念认识层面

很长时间以来，学校校长和教师认为自己与政策没有直接的关系，只是被动执行上级的政策，而忽视了自己的日常教学科研管理与政策执行和制定过程的必然关系，把自己隔离于这个过程之外，因而使其丧失参与政策执行的主动性和积极性。同时，学校和教师对少数民族学生的特点及文化环境等缺乏了解，从而容易忽视学生对教育的一些诉求。

（二）决策者与执行者政策目标效能的提升

民族教育政策的制定与执行受少数民族和民族地区经济文化发展现状和历史传统的制约。实地调研的结果表明，各省各地区在执行国家少数民族教育政策过程中出现诸多问题。这些问题的出现归根结底是少数民族教育政策制定者与执行者缺乏少数民族和民族地区的文化敏感性，导致教育政策的预期目标难以有效地实现。要提高少数民族教育政策的现实有效性，就要增强少数民族教育政策制定者和执行者对各少数民族文化的敏感性。在全面了解、尊重和契合少数民族文化的基础上制定和执行相应的教育政策才能有的放矢地推动少数民族教育发展。要提高少数民族教育政策决策者和执行者的文化敏感性，就要加强对相关人员的培训，以促进他们在少数民族教育政策制定与执行中的能力建设。

不同培训模式适用不同的培训内容和对象，鉴于文化敏感性是一种主动自觉的意识，参与式培训的切身体验能够有效增强被培训者的文化自觉和主观意识。为此，本章内容将介绍参与式培训，期望借助培训方式逐步增强民族教育政策制定者和执行者的文化敏感性，使各项惠及少数民族和民族地区教育发展的教育政策真正实现预期的目标，促进少数民族和民族地区经济文化的繁荣发展。

1. 参与式培训

（1）参与式培训阐述

参与式培训是指那些能够使个体参与到群体活动中，与其他个体合作学习的培训方法。它没有固定的形式，使用者可以根据自己的需要和条件即兴创造。从历史发展脉络看，参与式培训起源于 19 世纪 40 年代，是发达国家的扶贫战略——文化移植的一种手段。20 世纪五六十年代社区发展战略引入参与式概念。80 年代初世界就业大会提出了“参与应当作为人的基本需要”的主张。80 年代中期随着一些国际援助项目的开展，参与式培训传入中国，并得到空前发展。80 年代末参与式培训广泛应用于国际政治、经济、教育、文化等领域。

“参与”是参与式培训的核心，也是我们解读参与式培训的基点。“参与”概念具有丰富的内涵。在心理学视野中，它意味着个体对活动在认知、情感和行为上的积极卷入；在社会学视野中，它反映了个体之间、个体与群体之间的互动方式和影响程度；在政治学视野中，它体现了人人平等赋权、民主决策的发展状态。虽然不同学科领域对参与的表述各异，但是个体的自主与发展是不同视野关注的交汇点。依据“参与”概念发展而来的参与式培训，秉承了促进个体自主发展的追求，在具体实施中，通过创设情境，引导参与者在活动、表现和体验中反思自己的经验与观念，在交流和分享中学习他人的长处，产生新的思想，达到新的认识，从而实现自我提高，并能采取行动改善现状。因此，参与式培训的理念是：视参与者为资源拥有者，每人都有自己的知识经验，能够从相互分享与反馈中增加彼此的沟通、了解与分担合作，参与的过程中新知识与领悟亦可从分享与反馈中产生。不同的人有不同的处境、背景和立场，需要鼓励一种开放的聆听精神，让每个人从他人知识经验中获取智慧，形成新观念，促进理解与合作。参与式注重“自下而上”地获取信息和信息的分享。参与过程中的观察、倾听、评价、交流体现实践性。头脑风暴、团队建设、小组互动具有强烈的创新性，另外还具有开放性、双向性、趣味性、反馈及时的特点。参与式培训能够让参与者在开放的氛围中亲身体会主动、合作、探究的喜悦和困惑，以达到自身观念、态度和行为上的改变，并能将所学知识和方法运用于自己工作、生活中的培训活动。

基于以上的特点，参与式培训在各种成人培训中受到了欢迎。参与式培训相信，成人的头脑并不是一张白纸。相反，丰富的生活阅历让他们形成了独特的观念、立场和经验，并影响着成人对新知识、新观念的吸收。参与式培训正是基于成人自身的经验来促使培训参与者分享和反思自己及他人的经验，最大限度地调动参与者的主观能动性和积极性。

少数民族教育决策者和政策执行者不论在工作还是生活上都有着丰富的经验。在政策执行过程中，他们根据个人的经验对工作做出判断和反应。这个过程是其工作的一部分，也是其必备的能力之一。但同时也让这些教育政策的决策者和执行者受制于自己的思维定势，很难觉察到政策执行过程中可能存在的困难和问题。传统的培训方法并不关注这些决策者和执行者的个人经验，片面强调信息的输入，容易引发他们的抵触心理，常常会出现“左耳朵进、右耳朵出”的现象。参与式培训可以有效避免这一现象，从而真正促进决策者和执行者的能力成长。

（2）参与式培训的操作方式

①参与式培训的基本组织

参与式培训主要由培训者和参与者两部分人员构成。和传统培训不同的是，参与式培训认为，培训者是培训活动的协作者，不是主讲人，更不提供答案。在培训中，培训者承担的主要角色是培训活动的促进者、协商者、话筒传递者。同时，参与式培训强调培训对象为参与者，而非简单的受训者。培训对象应当是培训活动的参与者、发言者、合作者、贡献者，而不是听众，更不是“空桶”。但是，参与式培训对培训者的要求较高，不仅必须掌握少数民族教育政策制定与执行的相关专业知识，而且要了解参与式培训的理念，具有灵活运用参与式方法的能力，并且具有较强的现场觉察能力、应变能力以及平和的心态。培训要达到好的效果，培训者必须抱着真诚、平等、尊重的态度，为参与者营造投入的平台，提供分享、贡献的机会。

②参与式培训的基本步骤

A. 制订参与式培训的方案。每一次参与式培训方案的制订要考虑三个方面的内容。

第一，搞好需求分析。培训前对培训对象的需求进行分析，根据需求来指导培训方案的制订，要有的放矢，不能单纯地为培训而培训。从教育行政部门的管理者来分析，要考虑是否有利于促进行政管理者对民族教育政策的理解和有效执行。从学校管理者的角度来分析，学校管理者能否恰当地理解和执行少数民族教育政策，并监督在本单位的有效落实。基于对两类人员工作实效性的角度来思考，有针对性地设置一些专题和参与项目，促使这两类人员对少数民族教育政策理解和执行能力有效提高。

第二，确定培训方案各组成要素。培训方案是由培训目标、培训内容、培训指导者、培训对象、培训日期和时间、培训场所与设备以及培训流程或方法的有机结合而构成。

第三，方案的评估及完善。任何一个好的培训方案必是一个由制定→测评→修改→再测评→再修改……实施的过程，只有不断测评、修改才能使培训方案甄于完善。

B. 采取有效的保障措施

第一，人力资源保障。针对省级教育行政人员的少数民族教育政策文化敏感性，培训需要由教育部相关部门的领导挂帅、担任指导和顾问，确保培训对象积极主动参与培训过程中，上级行政领导的关怀指导是培训工作有序开展的组织保障；针对县级以下教育管理者和各校校长的培训需要相应’的省级教育领导莅临现场，促使所有培训对象认真对待本次培训。除了行政领导的指导和支持，还要有民族学领域和教育政策领域专家给予智力支持。参与式培训的师资主要由既有丰富民族教育政策理论知识又有参与式培训技能的专家担任。

第二，政策保障。争取教育部和国家民委相关部门的政策支持，通过政府发文的方式组织培训对象接受本次培训，并将参与本次培训作为继续教育和学习型机关建设的重要内容之一。

第三，经费保障。两种保障培训费用的筹措：一是争取教育部和国家民委师资培训专项经费；二是从课题经费中挤出一部分经费作为培训的费用。

C. 确定参与式培训的运作流程

参与式培训的基本运作流程包括 4 个部分。

a. 卷入——这是激发参与者热情的过程

“卷入”是市场营销的一个概念，通俗地讲就是“关注”。对于某一品类的商品，比如打火机，大多数人并不在意品牌，也就是卷入的程度较低。而有些类别的商品，比如洗发水，消费者比较关注和在意品牌，就是卷入程度比较高。在参与式培训中，卷入是一个激发参与者热情的过程，培训对象比较关注和在意所参与的培训活动，称为“卷入度高”。卷入程度越高，则参与培训的热情也高。可以说培训对象卷入培训的程度是培训是否成功的基础。在该项目培训实践中，主要采用主题卷入的方式。

b. 体验——这是一个“做中学”的过程

在参与式培训中，体验是指培训对象通过种种情境，深度投入，在游戏、互动、交流中感悟各项民族教育政策的得失所在，获得理解和有效执行民族教育政策能力的过程。体验是认识主体与认识客体之间的通道，既有助于培训对象更深刻地理解理论，激活经验，又能使体验内化为自我的感悟，使感悟到的东西内化成个性化的知识经验，而这就是一个认知理解的过程，是一个“做中学”的过程。体验是参与式培训的核心环节。游戏体验、互动体验、风暴体验、拓展体验成为培训活动中的有效方式。

第一，游戏体验式。所谓游戏体验式是指培训对象在培训活动组织者的引导下，从案例和视频中选择问题，通过游戏的方式感性地理解民族教育政策的理念、体验民族教育政策执行给自己带来影响的学习过程。游戏体验式培训体现了“做中学”

的思想，试图做到寓教于乐，让培训对象在轻松活跃的氛围中全身心参与到培训中来，在培训中感悟、理解民族教育政策理念和所带来的实际影响，并力求达到内化进而转化为现实的有效执行民族教育政策的效果。

第二，互动体验式。互动体验式是指培训对象通过亲身体验获得自己的经验，从而在有限的时间内获得最大的收获。形式主要有小组研讨、深度会谈等。培训过程中，培训对象获取价值的最佳途径是实际参与、亲身体验，这是一个自我认知与探索的过程，能够改组、改造原有的认知模式，增强对他者文化和感受的敏感性。

第三，头脑风暴体验式。当一群人围绕一个特定的兴趣领域提出各种新观点的时候，这种情境就叫作“头脑风暴”。亚历克斯·奥斯本（Alex Fa.ickney Osborn）认为，头脑风暴是“一个团体试图通过聚集成员自发提出的观点，以为一个特定问题找到解决方法的会议技巧”。风暴体验式是指在一定的时间内，以一个特定的问题为切入点，团体内培训对象进行自由的思考，进入思想的新区域，从而加深对问题的理解或者探究问题解决方法的过程。当参加者有了新观点和想法时，他们就大声说出来，然后在他人提出的观点之上建立新观点。所有的观点被记录下但不进行批评。只有风暴体验结束的时候，才对这些观点和想法进行评估提炼。风暴式体验可以刺激培训对象从不同的角度去思考、分析问题，寻找不同的解决问题的方法。

围绕培训对象所聚焦的问题，提出一个紧迫而现实的问题引发与会人员深入自由地思考，从而找出解决问题的办法。如设置一个“控辍保学的方法和出路在哪里”的问题，让与会人员畅所欲言。这些开放性的思考有助于从系统的视角解决这个难题。

c. 内化——这是一个成长和蜕变的过程

维果茨基（Lev Vygotsky）的心理发展理论与社会建构主义认为，凡是外部的客体的东西转化为内部的主体的东西，称为内化。外部的客体的东西可以是知识，也可以是思想、观念等。在培训中，指的是培训对象吸收外界知识、观念的过程。通过这一环节，有助于培训对象得出结论、转变思维与行动模式，并由此制订目标、选择未来全新的行动。这是一个成长和蜕变的环节，是关键环节。内化过程主要通过培训对象建构性的反思自悟来完成。

通过以上的游戏体验、互动体验、风暴体验，让培训对象深切感受到民族教育政策的制定和执行是一项非常复杂和伟大的工程，需要全面了解政策执行地区的实际情况，必须辅以配套的政策，才能顺畅有效地实施并最终达到预期的目标；如果单一推行某一政策而不考虑各民族地区实际情况往往会事倍功半，效果欠佳。只有所有培训对象将这种观念深入心灵才能为他们有效的行动奠定思想基础。

d. 转化——这是一个知行合一的过程

转化是将内化的认知付诸行动的过程，是参与式培训的必然阶段。

第一，行为跟进。行为跟进是将培训活动中建构性反思的成果付诸行动的过程，是参与式培训后续阶段，也是培训活动取得完满成功的关键。不管培训的过程是多么令人愉快，让人多有启发，如果在培训活动中获得的想法不能付诸行动，没有成功地实施的话，或许参与培训活动对于培训对象成长的作用也就只有一半的功效。行为跟进体现了"知行合一"的认知方式，是培训对象实践与理论相结合的一种可操作化的途径，推动培训对象达到"即知即行、知而能行、行而后知"的境界。值得注意的是，行为跟进一定要及时，建构性的反思成果如果不及时付诸行动，这个成果就会淡化，甚至消失，所以及时很重要，行动计划制订得越快越好。

第二，策略调整。在行为跟进中必然还会产生新的疑难问题，培训对象需要进一步反思，及时有效地调整思维方式和行动策略，使教育政策的制定和执行更加科学有效。策略调整的过程是一个再思考、再实践的过程。通过行为跟进和策略调整实现培训对象对民族教育政策理解能力和执行能力的提高，达成预期的政策目标。

2．文化敏感性参与式培训的实施

培养文化敏感性是建设和提升少数民族教育决策者和政策执行者能力的有效手段。参与式培训通过自省、反思和分享等过程，可以增强他们对"他文化"的敏感性，从而提高他们制定和执行少数民族教育政策的能力。在具体实践中，建议针对各县级教育行政部门管理人员和学校校长进行培训。他们是影响少数民族教育政策贯彻落实的关键人群。为了保证培训的效果，每次参与式培训的人数不宜过多。以参与式培训的基本流程说明如何在实践中开展文化敏感性参与式培训。

（1）准备阶段

这个阶段是为进入主题培训内容做准备。在这个阶段，培训应该调动参与者的情绪，让他们在整个培训中保持全身心投入的状态。虽然并不过多涉及培训主题内容，但是这一阶段的培训效果直接影响到之后各个阶段的培训质量，培训者必须慎重对待。准备阶段可以完成相互认识、分组和培训主题卷入等任务。

①热身——认识

热身的过程就是"破冰"过程。通过一些设计精巧的小游戏，如"快乐按摩""数字接龙""抢椅子"等，让参与者动起来（身体及头脑），打破彼此之间的陌生感，进入身心活跃的状态。热身环节也可以通过一些游戏让参与学员相互认识，如"大风吹""纸飞机"等。以上这些游戏都是团体培训中比较常见的。

②分组

为了保证所有参与者都能够在活动中发声、分享、参与讨论，培训者应该为他们提供充分的机会和平台，分组就是其中的有效手段之一。通过分组，参与者可以在一个较小的团体内充分交流。而有经验的培训者也可以适度引导不同组别之间的良性竞争来增强团体的内部凝聚力，从而提高参与者的活动积极性。分组过程中要保证同组内成员的异质性，即尽量保证一个小组内有不同属性的成员，如不同性别、不同民族、不同年龄等。不过，有些活动也可能有特殊的分组要求，可以灵活处理。

③培训主题的卷入

这个环节是为进入主题培训做铺垫，即确定要研讨的若干项重要的民族教育政策。因为不同参与者有不同的政策制定或执行经验，也有不同的关注点，因此这个环节可以把主题培训的内容选择权交给参与者，邀请他们说出所关心的民族教育政策，从而做出选择。具体的过程如下：第一，培训者介绍现有的少数民族教育政策的内容体系；第二，参与者组成一个研讨小组，在培训者提供的白纸上写下每个人关心的民族教育政策；第三，请四位参与者以唱票的形式在黑板或白板上写下每个人所关心的民族教育政策；第四，遴选出若干个参与者所关注的民族教育政策作为下面要进行的参与式培训的主题。

（2）主题培训阶段

培训少数民族教育决策者和政策执行者的文化敏感性，主要由六个培训主题组成，具体内容和过程如下。

①布局调整与寄宿制的经济文化因素探讨

这一主题是引导培训参与者理解布局调整和寄宿制的经济制约性和民族文化阻碍性。培训者可以采用头脑风暴式体验进行培训，具体可采用以下步骤。

第一，培训者提供有关布局调整和寄宿制的文本资料和视频资料，让所有参与者直观感受到民族地区学校布局调整和寄宿制政策执行后的状况。

第二，培训者引导现场的培训参与者开放性地思考，让所有参与者思考造成这种现状的经济和文化原因是什么，不允许对他人观念进行评价，完全是自由的头脑风暴，培训者记录下参与者提出的所有观点。

第三，培训者组织大家对所有观点进行总结概括，找出布局调整和寄宿制所存在问题的根源以及有效的解决办法。

第四，培训者总结评述布局调整和寄宿制。在集体头脑风暴的总结之后，培训者从民族地区实情和民族教育政策初衷出发，总结评述布局调整和寄宿制的调整途径和行动策略。

②民族民间文化进校园政策的经济文化因素探讨

民族民间文化进校园是传承、发扬民族民间文化的主要政策手段。培训者可以引导参与者通过小组研讨式体验的方式，理解民族民间文化进校园政策的经济意义和文化价值。具体可采用以下方式。

第一，培训者阐述民族民间文化进校园政策实施的背景和具体要求。培训者结合中央和地方的教育政策阐述民族民间文化进校园政策实施背景和要求。

第二，培训者引导现场小组讨论民族民间文化进校园所带来的影响。培训者鼓励所有参与者思考民族民间文化进校园政策带来了经济和文化上的哪些影响，以及需要哪些经济、文化上的政策支持。

第三，培训者组织大家对所有观点进行总结概括。培训者组织大家进行观点归纳，总结出民族民间文化进校园政策存在问题的根源以及有效的解决办法。

第四，培训者总结评述民族民间文化进校园政策改进策略。在小组研讨基础上，培训者从民族地区经济文化发展的大局出发，从经济文化方面政策系统配合的高度总结评述民族民间文化进校园政策的改进策略。

③“两免一补”政策的经济文化因素探讨

如何理解“两免一补”政策的经济意义和文化制约性，参与者也可以通过小组研讨式体验进行培训。具体可采用以下方式。

第一，培训者向参与者提供民族地区调查所得的文本资料和录音资料，为他们提供民族地区“两免一补”政策后的教育现状以及学生和家长的认知状况。

第二，培训者组织参与者以分组的形式讨论“两免一补”政策所带来的影响。培训者邀请参与者围绕文本资料和录音资料对民族地区“两免一补”政策实施后的效果进行经济上、文化上的分析，并找出改进的策略。

第三，培训者组织大家对所有观点进行总结概括。培训者组织四位参与者以唱票的形式进行观点归纳，总结出民族地区“两免一补”政策存在的问题、产生的影响以及改进的策略。

第四，培训者总结评述民族地区“两免一补”政策改进的策略。在总结各组研讨所得改进策略的基础上，培训者从促进民族地区经济、文化发展大局出发，从支持方式转变和加强教育的角度提出民族地区“两免一补”政策的改进策略。

④新课程改革和教师队伍建设的经济、文化因素探讨

这一主题主要探讨民族地区教师的专业化发展。培训者可以通过游戏式体验培训，引导参与者思考：教师专业发展如何突破经济制约性、时间制约性和文化制约性的羁绊？如何从教师专业发展的角度推动民族地区的新课改？可以采用以下方式。

第一，培训者设计一个问题情境让小组成员扮演教师。培训者要求现场参与者分组进行教师专业发展的游戏。培训者向大家描述这位教师的实际情况：××，大

专学历，在民族地区工作7年，每周要上18节课，虽然是学数学出身但同时要兼任学校的两节体育课和轮流住校管理寄宿的学生，学校和上级教育部门从未提供公费进修的机会，全家3口人基本就靠他每月800元的工资维持生活。但他是一位很有上进心和责任感的教师，新课改实施以来，他一直感觉自己需要外出学习，以便更新知识结构，转变教学观念和教学方式，提高教学质量。尽管学校教师的课都排得满满的，他还是抱着一线希望向校长提交了一份外出脱产培训半年的申请，并对外出进修提出好几条充分的理由。

第二，培训者让每组的一位参与者扮演本校的校长。校长拿到这位青年教师的申请很是为难，一方面很支持青年教师追求专业发展，另一方面学校的课程实在排不开，同时还顾虑如果允许这位教师外出进修，其他教师仿效将如何是好？校长一时陷入了两难境地，扮演者要以独白的方式和举棋不定的焦虑情态来展现校长的两难抉择。校长在经过激烈的思想斗争之后，还是下定决心，设法成全这位青年教师的请求，于是他拿起笔和纸以报告的方式向上级教育行政部门申请派一个特岗教师或临时聘用教师，以满足这位青年教师外出进修，同时还申请报销一部分教师进修费用。

第三，培训者让每组的另一位参与者扮演收到校长请示报告的教育局领导。教育局领导对这位校长的请示报告也很为难：一是特岗教师的总体名额有限，不好平衡；二是临时代课教师也不能保障教学质量，出了问题还要自己担责任。另外，要经费支持就更困难了，县教育经费本来就紧张，缺口较大，很多紧急事情都要用钱。但民族地区教育要发展必须先有教师的发展，这位青年教师有追求，肯上进，应该给予支持，但现实是……教育局领导也陷入了困难之中，一时不知道如何批复。请扮演者用独白的方式表现教育局领导的两难冲突。

第四，培训者请每个研讨小组围绕这个问题展开研讨，并提出解决问题的办法。在完成三个人物的角色扮演之后，培训者让每组成员针对这个教师专业发展存在的问题，以及民族地区推进新课程改革的途径展开研讨，多角度地提出解决问题的办法。每组有人记录研讨的结论。

第五，培训者组织大家集体分享各小组的研讨结果。培训者邀请四位参与者在黑板或白板前以唱票的形式将各组研讨结果展现给大家。

第六，培训者归纳总结本次研讨的结果。在总结各组研讨所得改进策略的基础上，培训者从促进民族地区教育发展的大局出发，从各层次和各角度总结促进民族地区教师专业发展和新课程改革的策略。

⑤双语教育的经济文化因素探讨

培训者可以采用头脑风暴体验式的培训方法，引导参与者体会到双语教育要有师资、教材和经济上的支持才能有效实行。具体可采用以下方式。

第一，培训者呈现国家和地方对双语教育的政策。培训者向现场的参与者讲授国家层面和地方层面对双语教育的有关政策和要求。

第二，培训者让每个研讨小组对国家和地方双语教育政策进行自由研讨。培训者在陈述国家和地方层面对双语教育的政策要求后，请各个小组展开自由研讨，每组成员记录本组研讨的内容和结论。

第三，培训者组织大家对所有观点进行总结概括。培训者组织四位参与者以唱票的形式在黑板或白板上进行观点归纳，总结出双语教育政策在各民族地区实际执行中的现状和存在的问题，以及可能的解决办法。

第四，培训者总结评述教学政策改进的策略。在总结各组研讨所得改进策略的基础上，培训者从促进民族文化发展的大局出发，总结提炼出双语教育政策的改进策略。

⑥“控辍保学”政策的经济、文化因素探讨

游戏式体验培训可以帮助决策者和政策执行者更好地理解“控辍保学”，认识到实现“控辍保学”要从经济和文化政策两个方面协调推进。具体可采用以下方式。

第一，培训者设计一个问题情境让小组中的一个参与者扮演学生。培训者要求现场参与者分组开展“控辍保学”政策的游戏。

第二，培训者让每组的两位参与者分别扮演小女孩的班主任和爸爸。

第三，培训者让每组另外两位参与者对刚才的情况进行分析。两位培训者对刚才扮演的情况进行分析，从经济的角度和文化观念的角度来探讨这种“控辍保学”政策有效执行的前提和保障条件。

第四，培训者组织大家集体分享各小组的研讨结果。培训者请四位参与者在黑板或白板前以唱票的形式将各组研讨结果展现给大家。

第五，培训者归纳总结本次研讨的结果。在总结各组研讨所得改进策略的基础上，培训者从促进民族地区经济文化发展和孩子未来前途的角度出发，从经济辅助和思想教育的角度提出“控辍保学”政策有效落实的保障策略。

3. 评价与总结阶段

及时的总结和反馈是参与式培训的重要组成部分。在参与式培训中，评价与总结并不是完全由培训者或外来者（如专家或领导等）进行。实际上，参与式培训非常重视参与者自身对培训过程和结果的评价。培训者应该通过调查问卷、反馈表、笑脸游戏等方式引导参与者分享自己在培训中的收获，并反馈培训中的问题和缺憾，同时提出对进一步培训的期望与建议。值得注意的是，这个阶段的任务是让参与者关注自身能力的成长，而不是对他们在培训期间的表现做出评判，所以培训者应积极肯定参与者的参与和努力，轻易不要对他们进行否定。

第二节　健全民族教育的管理政策制度创新

一、健全民族教育的管理政策的内容

（一）建立民族教育管理机构

1. 必须解决好民族教育组织领导问题

各级人民政府教育部门应充分重视少数民族教育工作，加强领导，根据各民族的教育实际情况，分别采取巩固、发展、整顿、改造的方针，并决定在中央人民政府教育部和有关的各级人民政府行政部门，建立少数民族教育机构或指定专人负责，掌管少数民族教育工作并且开展少数民族教育。首先应有专门负责掌管民族教育的行政机构，以加强对少数民族教育工作的领导。中央教育部已设立民族教育处，并准备扩充为民族教育司。有关的各级人民政府教育行政部门，应根据当地少数民族人口的多寡和教育工作的繁简，设置掌管少数民族教育的行政机构或指定专人负责，领导当地少数民族教育的建设。这是加强民族教育工作的领导的关键问题，没有专门机构或专职人员来做，工作是没有办法开展的。

第一次全国民族教育工作会议针对部分与会代表反映各级地方人民政府教育行政部门人力不足的现状，还对民族教育工作人员的编制问题做出了原则规定，建议政务院在确定各级地方人民政府编制时，能够按各地区少数民族教育工作的繁简，予以适当的照顾。

为了加强对民族工作的领导，必须建立从中央到地方的民族工作机构。重视和加强对民族教育工作，就必须解决好民族教育组织领导的问题。

2. 建立从中央到地方的民族教育机构

民族教育有其特殊性，为加强对民族教育工作的领导，要“建立和健全民族教育行政机构”。

要充实和健全民族教育行政机构。根据政务院《关于建立民族教育行政机构的决定》的精神，凡应建立机构或指定专人而未建立或未指定的地区，应积极筹备，及早建立或指定专人，凡机构不够健全、人员不够充实的地区，应积极调配政治上

和业务上较强的干部，在短期内逐步充实加强。在进行此项工作时，应特别注意培养民族干部和领导骨干。

有些民族自治区或少数民族人口占当地总人口半数左右的地区，由于教育事业的发展程度不同，一般学校在数量上仍占绝对多数，因而当地教育行政部门实际工作中均以主要力量用于管理一般教育事业，而不能以管理少数民族教育为主要任务。因此，为了适应当前民族教育的需要，这些地区的教育行政部门也可以考虑设立适当的民族教育行政机构。民族教育行政部门的编制员额，一般应在原有编制人数内调剂解决。但某些民族成分较多、工作较繁重的地区，可在上述原则之下报请省、市人民委员会酌予照顾。

3.教育行政部门的民族教育机构与其他职能机构适当分工

各级人民政府教育行政部门的民族教育机构与该部门的高等教育、中等教育、初等教育等机构可根据下列原则，实行适当分工，即关于全国统一的一般的教育行政、经费、师资、学制、课程、教材等事项，仍由各主管司、处、科负责处理。关于少数民族教育的行政、经费、师资、学制、课程、教材等特殊问题，由民族教育司、处、科或设专人负责处理。与双方都有关系的问题，由各有关司、处、科和民族教育司、处、科或设专人会商处理，以保证各部门职能的合理分工，责任明确。

有关民族教育的以下各项工作仍分别由各主管机构掌管：国家统一规定的各级各类学校的总的教育方针政策和法令的贯彻执行；国家统一规定的各级各类学校的学制、教学大纲、教学计划和教材的实施；统一研究，视导各级各类学校的教学与行政工作；师资的调配、培养与提高工作。

民族教育机构或所设专人掌管以下各项工作：民族教育方针政策的贯彻执行，国家统一的教育方针政策和法令在民族教育方面贯彻执行过程中因民族特点产生的特殊问题的研究与处理；国家统一规定的学制、教学大纲、教学计划等为结合各民族的具体情况而作的变通或补充；掌管民族教育事业计划、学校网的设置和少数民族教育补助费；有关民族语言教材的编译工作及新创制少数民族文字在学校内的实验、推广工作；协助培养和提高民族学校的师资；有关民族学院和民族公学的有关工作。与双方都有关系的问题，由各有关机构与民族教育机构会商处理。在以上所有工作中，各方都应根据分工原则，切实负责，并应充分发挥主动精神，加强联系，协力开展工作。

1981 年 2 月召开的第三次全国民族教育工作会议，提出各民族自治地方的教育机构应把发展民族教育作为主要任务。少数民族人口较多的省、地、县，应在教育行政部门设置民族教育工作机构，配备热心为少数民族教育事业服务的人员专司其事。自治区、自治州（旗）等各级教育行政机构，其主要任务就是管理少数民族教育工作，一般不再设立民族教育机构，特殊情况需要设立的，由自治地方政府决定，所需人员在现有编制内调节解决。由于各地情况不同，应根据不同地区的少数民族和少数民族人口的多少（可根据实际情况确定比例），以及民族教育任务的具体情况，设立民族教育机构或指定专人负责。各级政府教育行政部门建立民族教育机构时，应配备一定数量的较年轻而又有一定专业知识的少数民族干部，并吸收热心于民族教育工作的汉族干部参加。

4. 吸收民族干部和热心于民族教育的汉族干部参与工作

有关的各级人民政府教育行政部门，应依有关各项规定，积极建立民族教育机构，配备干部，并尽可能吸收少数民族干部和热心于少数民族教育工作的汉族干部参加工作。

（二）加强对民族教育工作的领导

民族教育具有与普通教育相异的特殊方面和发展规律，切实加强对这项工作的领导，是国家和民族地区现代化建设的需要，是尽快提高民族地区教育水平、增强民族团结、巩固边疆、落实民族政策的需要。

1. 重视并加强对民族教育工作的领导

（1）各级领导要切实加强领导

党和政府十分重视民族教育工作，曾在多次会议上强调民族教育工作的重要性，要求各级领导要切实加强领导。“各级人民政府教育行政部门应充分重视少数民族教育工作，加强对少数民族教育工作的领导。”民族教育发展的一条基本经验，就是“各级党政部门重视并加强对民族教育工作的领导”，“必须提高对民族教育重要性的认识，加强各级党委和政府的领导。”

民族教育所具有的某些特殊方面客观上也要求对民族教育工作加强领导。例如，我国许多少数民族都有信奉宗教的历史，使我国的宗教活动带有浓厚的民族特点。目前我国实行的宗教信仰自由、政教分离、宗教与司法分离、宗教与教育分离的政策，保证了民族教育的健康发展、民族团结和政治上的安定团结。

（2）重视和注意加强党的领导。

各级党委要把教育工作列入议事日程，一年抓几次，尤其是民族地区的地县更应该多抓，各级党委要重视这件事情。要排除一切困难，把少数民族教育搞上去。在抓教育建设中，一定要把加强少数民族教育放在一个应有的地位，认真抓好。

（3）做好杂居、散居少数民族工作

做好杂居、散居少数民族工作的关键，在于加强党的领导。建议有关地区党委把这项工作列入议事日程，指定专人分管，定期研究检查，及时解决问题。

（4）切实加强民族高等学校党的领导

要建立民主、团结、有事业心和战斗力的领导核心，院校党委（支部）必须坚持四项基本原则，执行党的民族、教育和知识分子等各项方针政策，加强思想政治工作，运用批评与自我批评的方法，改变领导涣散软弱状态，纠正资产阶级自由化等各种错误倾向，继续清除“左”的影响，增强团结。要积极培养、提拔中青年干部，特别是少数民族干部。要加强党的建设，注意在少数民族中培养和发展党员。要充分发挥院校的党团组织、学生会组织的作用，坚持疏导方针，加强对学生的思想政治工作，解决好学生中存在的思想问题。

（5）各地区的人大民委也要抓好民族教育工作

“要抓文化，主要是抓教育。”一个经济，主要是生产；一个文化，主要是教育。这两件事情是民族事务委员会经常要抓紧的，也是少数民族地区都要抓紧的。当然，具体工作主要靠国家民委和各省（直辖市、自治区）去抓，人大民委也要抓这方面的工作。

2. 切实加强对民族高等教育领导

（1）建立民族学院的双重领导体制

为了加强对民族学院的领导，体现民族学院不同于一般大专院校的特点，国家民委和教育部联合下文同意民族学院由国家民委和有关省区双重领导，以国家民委为主。国家民委负责民族学院的方针、政策、规划等，教育厅（局）负责民族学院的教学业务、师资培训等工作。

要加强党对民族院校成人教育工作的领导，要改革和发展民族院校成人高等教育，进一步提高各级领导特别是校级领导对民族院校成人教育的认识，尤其是要提高对干训工作的认识，把发展各类成人高等教育的任务列入学校总体规划及各级领导的重要议事日程，使成人教育成为学校整体工作的重要组成部分和学校的基本任务之一。搞好民族院校成人教育处、干训部、函授夜大学等部门的领导班子建设。国家民委根据国家的有关方针政策，加强对委属民族院校成人高等教育的总体规划、宏观管理，指导服务和必要的监督检查。

“一定要加强党的领导。”哪个民族学院得到所在地区各级党委的重视和大力支持，哪个学校就能取得显著成绩，得到迅速的发展；反之，在工作中就会遇到困难和挫折。有些省、市、自治区党委把民族学院的工作同整个民族工作联系起来，同民族政策再教育结合起来，与本地区其他学院作了明确的分工，把民族学院的方针任务、干部配备、基本建设都列入议事日程，积极支持，具体落实，使民族学院得到稳步发展，少走弯路。而有的上级党委在相当一段时间内忽视民族学院，从不讨论民族学院的工作，只把它委之于民族、教育工作部门，不作任何督促、检查，以至出现“几不管”的问题。

在学校内部，既要切实加强党的领导，又要充分发挥行政领导和学者专家的办学积极性，加强党的领导同充分发挥行政领导和专家的作用是相辅相成的。应当注意避免党政不分和轻视专家的问题。要加快民族学院改革和发展的步伐，改革办学体制，理顺国家民委与学校、地方三者之间的关系。国家民委所属民族学院由国家民委主办，继续实行国家民委与学校所在地政府双重领导，以国家民委为主的管理体制。其他民族学院仍由所在省、自治区党委、人民委员会管理，教学业务由高等教育部负责指导。

国家民委要进一步明确与地方的管理权限，加强与地方政府的联系和协商。并逐步简政放权，扩大学院的办学自主权。国家民委要加强对所属民族学院改革的领导，学校重大改革方案的实施，应取得所在地政府的支持，要有领导、有计划、有步骤地进行。改革要经过试点，总结经验后推广，避免出现大的失误和不安定因素。

要搞好民族学院的后勤管理工作。民族学院的后勤工作要为全体师生员工的教学、科研、生活提供物质条件，这方面工作搞得好不好，对每一个人都会产生直接的影响。目前各民族学院校舍严重不足，有的被占用尚未归还，有的现在还没有校址，多数学院的在校生已达到或接近学校容量的饱和点。各学院的教学设备，除了民族学专业方面的图书稍有基础以外，一般都很简陋。特别是理科、医科和畜牧兽医等方面的图书教具，大体只相当于中专的水平，其中的理化实验设备，有的比一般中学还差。

各民族学院应当把校舍建设作为一项重要任务抓紧进行，并且要适当扩充教学设备。有关省、区党委和政府有关部门，对于民族学院的困难和需要，要给予更多的关心和支持，采取切实有效的措施加以解决。如果不能抓紧解决这些问题，民族学院的发展就会受到限制。在目前国家财力、物力能够提供的条件下，搞好后勤工作的关键，是加强对这方面工作的领导，调整、整顿后勤队伍，充分调动人的积极因素。分管这方面工作的领导要亲临后勤工作的第一线，加强思想教育，建立各种工作、管理的规章制度，具体解决后勤工作中存在的问题，开展竞赛活动，号召后勤工作的干部职工积极为教学服务。同时，教育教师、学生、干部尊重从事后勤工作的同志，互相关心、互相支持，为搞好民族学院的后勤工作出力。

（2）加强民族师资培训中心工作

要切实加强对西北少数民族师资培训中心工作的领导。“加强领导是办好培训中心的关键。”培训中心的性质相当于民族高等院校。教育部负责制订培训中心的方针、任务和事业发展规划，确定专业设置；甘肃省和西北师范学院负责日常行政管理、教学、人事和思想政治工作。

（3）职业技术教育要强化政府统筹

为了加快少数民族和民族地区职业教育改革和发展，要加强对少数民族和民族地区职业教育发展的宏观指导。

教育部、国家民委将适时研究制定民族职业教育发展的规划、政策、措施，并认真检查各地落实的情况，及时发现问题，给予指导、解决。

要加大政府对职业教育统筹领导的力度，民族地区各级地方政府要把职业教育纳入当地经济建设和社会发展的整体规划，制定促进职业教育发展的政策措施。在当地党委和政府的领导下，建立健全职业教育的协调领导机构，做到各有关部门职责分明，协调配合，形成合力，共同承担发展民族地区职业教育的重任。

要建立健全对少数民族和民族地区职业教育的督导评估制度。民族地区各级政府教育督导机构与各级民委要依据“职业教育法”“民族区域自治法”及各自治地方“自治条例”的规定，有计划地开展民族职业教育的督导评估工作。

要加强政府统筹，搞好教育、计划、劳动、人事、财政等部门的分工协作，加强教育部门的具体指导。县一级政府应成立职业技术教育领导小组或建立联席会议制度，定期研究制定发展职业技术教育的规划、政策、措施，并认真检查实施，及时解决职业技术教育工作中遇到的问题。要调整、充实、配备好职业学校的领导班子，选拔既懂教育、又懂经济、德才兼备、有开拓进取精神的同志担任学校校长。要对学校校长和教育管理干部分期进行培训和加强学校内部管理，建立健全学校的规章制度，不断总结和推广先进经验。

地方各级人民政府要把职业教育纳入当地经济建设和社会发展规划。鉴于职业教育的发展涉及教育、劳动、人事、计划、财政等诸多部门，建议地方人民政府根据当地的实际情况成立职业教育协调机构，研究制定推动当地职业教育发展的具体措施。

（4）推动内地与边远民族地区高等院校的支援协作

我国各地区、各民族之间经济文化发展很不平衡，这种不平衡还会长期存在，党中央、国务院在制定国民经济和社会发展第七个五年计划时指出：要“把东部地区的发展和中、西部地区的开发很好地结合起来，使它们能够互相支持、互相促进”。今后国家建设的重点将逐步转移到我国西部地区，在人才培养方面要早作准备。我国西部地区，既是少数民族集中居住的地区，又是国家边防要地，这些地区的文化教育、科技长期落后，人才十分缺乏。对西部地区加快开发，关系到民族的团结、祖国的繁荣、边境的稳定、国家的长治久安，意义十分重大。

“要做好校际支援协作工作，关键在加强领导。”要明确各级教育行政部门和高校的责任，分工负责。国家教委会同国家民委主要抓好全国性的校际支援协作规划，制定相应的方针政策，组织和协调全国校际协作工作；中央其他部委和地方教育部门负责抓好本部门、本地区的校际支援协作规划，制定有关补充规定，组织和协调本部门、本地区的校际支援协作；高等院校主要是通过相互协商、签订合同，确定对口支援协作关系，承担和履行各自的责任。根据国家和本地区各类人才的需求预测，制订切实可行的中、长期规划，做好支援协作的年度计划；要有归口机构或专人负责，有关部门要紧密配合，及时沟通，解决协作中的有关问题；要积极做好总结和推广工作，推动工作向纵深发展。

（5）对普通高等学校教育教学工作进行评估

对办学条件符合要求、教学质量优秀、办学成绩突出、办学效果好的高等学校给予通报表扬和表彰；对办学条件达不到要求、教育教学质量等部分评估指标达不到评估标准的高等学校，分别给予通报、限期整改；对全部或绝大多数评估指标达不到评估标准而又无条件改进的高等学校，终止其举办民族预科班资格。

3. 重视和加强对民族地区基础教育的领导

（1）做好全国教育对口支援民族贫困地区工作

要加强全国教育对口支援民族贫困地区的工作。由国家教委、国家民委负责宏观组织协调、经验交流和表彰等工作；支援方有关省、市要把教育对口支援民族贫困地区的工作纳入议事日程，在政府扶贫机构的统一领导下，由教育部门牵头负责本省、市对贫困地区教育支援工作的计划制订、组织协调和支援项目的监督落实；受援省、自治区的教育部门予以配合。

（2）加强寄宿制中小学管理工作的督导检查

加强对下级教育行政部门寄宿制中小学管理工作的督导检查，组织开展督导评估工作。地方教育行政部门要对民族地区寄宿制中小学教学计划的实施进行指导并适时进行评估。学校领导班子对学校教师教学计划的实施、教案的编写以及备、讲、辅、批、改等教学环节进行指导和评估。教育部、国家民委对民族地区寄宿制中小学管理建立评估制度，定期对民族地区寄宿制中小学进行评估检查，对评估不合格学校进行通报批评。地方各级教育行政和民族工作部门要制定相应的奖惩细则，加大对民族地区寄宿制中小学的奖罚力度，确保民族地区寄宿制中小学健康有序地开展好各项工作。

（三）保证自治地方在教育事业上的自主权

1. 自治机关自主管理本地方教育事业

《中华人民共和国宪法》指出：“民族自治地方的自治机关自主地管理本地方的教育、科学、文化、卫生、体育事业，保护和整理民族的文化遗产，发展和繁荣民族文化。”

在民族教育工作中的某些失误，如不顾民族特点和地区特点，强行搬用汉族地区的一些做法，管得过多，统得过死，致使民族自治地方在教育上的自主权偏少，这是民族地区教育事业落后的一个重要原因。

要切实“保证自治地方在教育事业上的自主权”。要真正实行民族区域自治，“各民族自治地方应享有充分的民族自治权利”。在国家统一的教育方针指导下，教育规划、学校管理体制、办学形式、学制、教材建设、教学内容、人员编制、教师任用和招聘、经费管理和使用等，都应当由自治地方根据实际情况决定。

2. 根据国家教育方针和法律规定决定本地方教育规划

《中华人民共和国民族区域自治法》指出：“民族自治地方的自治机关根据国家的教育方针，依照法律规定，决定本地方的教育规划，各级各类学校的设置、学制、办学形式、教学内容、教学用语和招生办法。”“民族自治地方的自治机关自主地发展民族教育，扫除文盲，举办各类学校，普及初等义务教育，发展中等教育；举办民族师范学校、民族中等专业学校、民族职业学校和民族学院，培养少数民族专业人才。”

（四）帮助和支持民族地区发展教育

1. 继续帮助和支持民族地区发展教育事业

“要采取必要的措施，继续帮助和支持民族地区发展经济、教育、文化和其他事业，为逐步消除历史遗留的民族间在不同程度上存在的差距而进行长期不懈的努力。”国家根据国民经济和社会发展计划，“从财政、物资、技术等方面帮助各少数民族加速发展经济建设和文化建设事业。”要“根据各少数民族的特点和需要，帮助各少数民族地区加速经济和文化的发展”。“上级国家机关帮助民族自治地方加速发展教育事业，提高当地各民族人民的科学文化水平。”“民族自治地方的自治机关帮助本地方各民族发展经济、教育、科学、文化、卫生、体育事业。”各级党委和政府在制定政策时，要充分注意民族乡的特点，帮助和扶持他们发展经济和文化教育事业。加快发展民族教育等事业，培养人才，提高科学文化素质，既是长期的任务，又有相当的紧迫性，应当给予更多的关心和支持。

2. 国家采取特殊措施重点扶持民族教育

“国家应采取特殊措施，重点扶持民族教育，逐步建立适合少数民族地区特点的民族教育体系。”第三次全国民族教育会议也提出：“发展民族教育，仍然需要国家和地方继续采取特殊措施，在人力、财力、物力上给予重点扶持。”第一次全国民族教育工作会议针对部分与会代表反映各级地方人民政府教育行政部门人力不足的现状，对民族教育工作人员的编制问题做出了原则规定，建议政务院在确定各级地方人民政府编制时，能够按各地区少数民族教育工作的繁简，予以适当的照顾。

（五）加强民族教育立法

1. 加强民族教育立法工作

民族教育的发展要求加强民族教育的立法工作，应根据《中华人民共和国宪法》《中华人民共和国民族区域自治法》《中华人民共和国义务教育法》等有关法律、法规，抓紧拟定“中华人民共和国民族教育工作暂行条例”，并在总结经验的基础上，制定“中华人民共和国民族教育法”，这是使我国民族教育工作逐步走上“依法治教”轨道的需要。

2. 将民族教育工作纳入法制化轨道

“要加快民族教育立法工作，把民族教育工作纳入法制化轨道。”“加快民族教育法制建设”，“加快民族教育依法治教进程”。

3. 进一步加快少数民族教育立法工作

进一步加快少数民族教育立法工作。2006 年 6 月 29 日，全国人大常委会通过重新修订的“义务教育法”，强调了各级政府在实施义务教育中的责任，“实行国务院和地方各级人民政府根据职责共同分担，省、自治区、直辖市人民政府负责统筹落实的体制。农村义务教育所需经费，由各级地方政府根据国务院的规定分项目、按比例分担”，以法律的形式将义务教育全面纳入公共财政保障的范畴。

（六）开展民族教育的研究工作

1. 围绕教学开展科学研究

民族院校的科学研究，除上级领导机关交给的任务外，一般应当为教学服务，结合教学，配合教学，以保证提高教育质量为前提，不能脱离教学实际。科研的计划必须搞扎实，定期检查执行情况，科研的成果应当及时应用到教学中去。研究室、研究所的负责同志要带头讲课，承担重要课题。讲课要和科研互相促进。

2. 科学研究要面向民族地区

社会科学和自然科学研究都要面向民族地区。社会科学要坚持以马克思主义为指导，继续发挥民族学科的优势，在抓好基础理论研究的同时，注意面向实际。要加强对民族地区经济和社会发展及改革开放中重大问题的研究，加强对国外民族学科发展的研究。

自然科学的研究也要面向民族地区经济建设，大力开展技术开发、推广应用和咨询服务，参与科技兴农、科技扶贫工作。有条件的专业要积极开展高新技术研究。

3. 加强少数民族教育实践现实问题研究

民族学和民族问题研究的对象和资料丰富多彩。每一所民族学院所面向的地区，都有十几个甚至几十个少数民族，它们的历史、社会经济、语言文字、风俗习惯、民族文化艺术、民族医学以及哲学、宗教等方面，都有各自不同的情况和特点，科学研究的对象和资料丰富多彩，是一批巨大的社会科学宝藏，对这些方面进行科学的调查研究，大有可为。

要加强内地新疆高中班办学特色研究。开办内地新疆高中班，对于内地办班学校、教育管理干部和教师而言，是一项全新的工作。要办好内地新疆高中班，确保办学质量和效益，首先要加强马克思主义民族观、宗教观和党的民族政策以及新疆少数民族历史、文化、风俗习惯等的学习，在此基础上注意加强对内地新疆高中班学生的文化背景、心理和认知特点以及行为习惯的必要的研究，使教育教学方法更适应学生的实际。要特别注重加强内地新疆高中班的教育教学管理工作，坚持“爱、严、细”的管理原则，做到教书育人、管理育人、服务育人和环境育人。内地新疆高中班预科一年，重点补习汉语文、英语和数理化课程。由教育部统一组织编写教学计划和预科教材；高中三年的课程，统一教材，按当地高中教学计划要求执行。高中阶段的编班形式要有利于新疆班学生全面发展和综合素质的不断提高，具体由办班城市教育行政部门和学校根据新疆班学生的实际确定，不作统一要求。办班学校应在当地政府和教育行政部门的领导下，全面贯彻党的教育方针，从实际出发，全面实施素质教育。在认真打好文化知识基础和不断提高学生综合素质的同时，要高度重视教育工作。要严格执行当地高中学校学籍管理规定和教育部内地新疆高中班管理办法以及校纪校规，统一要求，统一标准。

要把这一工作搞好，必须加强研究，探索规律，从一个班级，一所学校，初中阶段、高中、中专阶段，乃至整个“智力援藏”工作出发，做好微观和宏观方面的探讨。要把主要精力从改善办学条件逐步转移到加强管理、改进教学、提高质量、探讨规律上来。

要努力探索少数民族成人教育的特殊规律。为了改革和发展民族院校成人高等教育，要加强民族成人教育的理论研究。和业务探讨。

4. 加强民族教育调查研究

要抓好调研工作，完善相应政策。我国民族众多，地域辽阔，各地情况千差万别，要把中央关于民族教育的大政方针落实好，必须加强调查研究，通过调查研究，出思想、出理论、出思路、出政策，真正做到从实际出发，使政策及时反映不断变化的客观实际。云南边境沿线行政村小学实行“三免费”政策，就是在调研基础上出台的政策。要深入基层调查研究，认真总结经验，及时研究解决民族教育面临的新情况、新问题。各级教育行政部门要有相应机构和人员负责民族教育工作。

政策措施上要有新突破。要根据少数民族和民族地区的特殊情况，研究政策措施。民族教育有自身的特殊性，不同于普通国民教育。有区别，就要有不同的政策；有差距，就要有不同的政策；有特点，就要有不同的政策。没有政策，就是“一刀切”，就是一般化。所以，必须研究差异、研究差距、研究特点，从而研究新的政策，该特殊的一定要特殊，该帮助的一定要帮助。当前，特别是要结合贯彻新修改的民族区域自治法，把加快民族教育发展作为一个重要方面，加紧制定有关的政策措施。

要加强民族教育的理论研究，不断扩大同国内外的学术交流。

5. 形成相关学科研究中心

开展民族学和民族问题方面的科学研究要体现协作精神，各民族学院之间，民族学院同民族研究机构和其他院校之间，应当互相配合，协同作战，搞出成果来，为教学服务，为党和国家的民族工作服务。社会学、民族学、敦煌学、简牍学、藏学、蒙古学等要逐步形成研究中心。

二、建立健全民族教育管理制度政策的创新

（一）重视和加强对民族教育工作的领导

无论是对少数民族聚居地区而言，还是对杂 / 散居地区而言，民族教育无疑都是各级党政部门中心工作的重要组成部分。实践证明，各级党委和各级人民政府对民族教育工作的领导与支持，是民族教育工作得以健康顺利发展的重要条件。坚持对民族教育工作的领导，并不断改进领导艺术和领导水平，这是我国社会主义民族教育实践得出的科学结论。

民族教育是实现各民族共同繁荣发展的重要基础，加强民族教育工作具有迫切、重要的战略意义。我国 2.1 万公里的陆地边防线上，大多是少数民族聚居区，有二三十个民族跨境而居，在这些地区仍然存在着谁影响谁的问题。此外，少数民族地区资源丰富，地大物博，我国搞现代化建设，非常需要少数民族的积极支持和参与。而少数民族地区，由于历史原因，经济文化相对落后，要加快这些地区经济文化建设，逐步消除历史上遗留下来的事实上的不平等，使之能够赶上或接近汉族的发展水平，这是一个非常伟大的历史任务。为了建设繁荣的边疆、巩固国防，必须高度重视民

族地区的教育工作。

各级教育行政部门应进一步重视民族教育工作，积极协助民族教育机构或专人建立并开展经常的业务工作。加强民族教育的视导工作，并坚持总结、报告制度。教育行政部门的负责同志应加强对民族教育的领导与关怀。在领导分工上，必须有人专门负责民族教育工作。有关民族教育的重大问题，必须在一定的会议上研究讨论，慎重处理。

要切实把民族教育列入政府工作的重要议事日程。全面贯彻党的教育方针和民族政策，用习近平新时代中国特色社会主义理论统领民族教育工作全局，解放思想，深化改革，实事求是，进一步提高民族教育办学质量和水平，努力推动民族教育又好又快发展。各地要结合当地实际，通盘部署和安排民族教育工作，把民族教育的发展列入本地区经济、社会发展规划；将各级各类民族学校的建设纳入区域建设计划；在部署、总结年度工作时把民族教育工作作为一项重要内容。

各级政府、教育行政部门要把民族教育改革、发展情况每年向同级党委及人大、政协做出报告，接受监督。教育行政部门要指定专门机构和人员具体负责民族教育工作，将为民族教育办实事列入各级领导干部的任期目标责任制和考核政绩的重要内容。

（二）按教育事业的发展规律办事

按教育事业的发展规律办事，这本是对各级各类教育活动的一个基本要求。但由于民族教育的特殊地位和特殊方面，按教育规律办事对民族教育来说更为重要。

按教育规律办事，主要有三个方面的要求：（1）从教育是人类社会的上层建筑，它既由一定社会的经济基础决定，又为一定的经济基础服务这一特性出发，民族教育必须与民族地区经济和社会发展的要求相适应。笔者将这种表现在教育活动与社会大环境之间的适应关系称为民族教育发展的一级适应机制，其最佳表现状态为民族教育的发展与民族地区的发展相互促进，任何一方的发展都以另一方的发展为条件。（2）从教育活动与人的身心状态相关这一特性出发，民族教育又必须与民族学生生理、心理发展的需要相适应，教育活动不能摆脱民族学生生理与心理因素对其活动的影响。笔者将这种表现在教育活动与受教育者之间的适应关系称为民族教育发展的二级适应机制，其最佳表现状态为民族教育的发展是建立在民族学生心理和生理发展基础之上的，两者之间也存在着相互促进的关系。（3）从教育活动不是事物孤立的运动过程，它首先从一定教育资源合理配置并得到有效释放的特性出发，民族教育必须与民族教育各种资源的有效配置相适应，民族教育的发展是民族教育资源的更佳配置的必然结果。将这种表现在教育活动与教育小环境之间的适应关系称为民族教育发展的三级适应机制。其最佳表现状态为民族教育发展与民族教育资源优化组合、相互促进，民族教育新的发展往往是教育资源更为合理配置状态下的有效释放。不难看出，一级适应机制更趋向于教育活动的外部适应；而二、三级适应机制则趋向于教育活动的内部适应。这三种适应机制相互联系、相互影响、相互制约，按教育规律办事的最,理想的状态是三种适应机制的互动与协调。

（三）改革民族教育管理体制

应改革民族教育过于集中统一的管理体制，完善教育宏观管理体制，改革管理手段和方式。要加强中央政府的宏观调控，主要运用立法、拨款、规划、评估、信息服务、政策指导、执法监督和必要的行政手段对民族教育发展的速度、规模、质量、结构和效益进行调控；与此同时，加强地方政府的统筹决策权，扩大地方政府管理民族教育的权限。这种将民族教育管理的权限逐渐下移的做法，有助于解决过分集权给民族教育带来的弊端。我国民族教育管理体制必然不断进行改革，可以肯定的是，民族教育必须从我国的国情出发，从少数民族地区和内地的实际出发，采取分别对待、分类指导的策略，适当给予民族地区教育一些特殊的倾斜政策，使之更好地为少数民族地区的社会发展服务。

（四）推进办学主体多元化

要加大中央和省级政府对地方教育的财政投入，完善分级管理。从现实情况来看，这种管理体制在经济欠发达地区与发达地区相比较来看，却存在着削弱了中央责任的问题。一般而言，民族地区财政情况收支不良，大多数民族地区县级财政很窘困，统一的分级管理体制对民族地区来讲是十分不利的。有必要加强中央和省级政府民族教育的责任，增大财政转移支付，加大民族教育专款拨付的力度。此外，要鼓励社会参与，推进办学主体的多元化，促进少数民族地区社会各集团的各种资源引向少数民族地区教育的发展，积极支持和正确引导各种社会集团采取国有民办、民办公助、公办民助等形式的办学活动，实行民族教育办学主体的多元化。

（五）加强民族学校办学自主权

在政府的宏观调控下，应加强与扩大民族学校办学自主权，保证学校按自身内在规律正常发展，进一步促进教育能够适应社会经济发展的需要，使民族教育按照自身的规律自主运行，从而最大限度地发挥民族学校的内在活力。要按照政事分开的原则，通过立法确定学校在哪些方面、何种程度上拥有自主的权限，明确民族学校的权利和义务，使其真正成为自主办学的实体。少数民族学校，特别是高等学校要真正实现面向市场自主办学，关键还在于提高自身的办学水平和办学效益，增强自身的造血功能。在接受政府部门的宏观指导和监督的基础上，架起与少数民族地区社会广泛联系的桥梁，鼓励少数民族地区社会各方参与少数民族高校办学的活动。

（六）加强法规和制度建设

要不断加强教育法规建设，进一步健全完善教育法律体系。加强地方民族教育立法，是巩固和推广民族教育改革成果、保障民族教育的改革与发展、促使民族政策和教育政策全面实施和落实的重要途径。少数民族学校在实施自主办学过程中，既要克服缺乏独立意识，在等待、观望中坐失发展良机的心态；又要有长远发展眼光，严格执行国家的相关制度。应加强法规和制度建设，加强依法治教。应当看到虽然在一些法律中涉及民族教育的发展问题，但并无相应的法律措施从制度上加以保证，虽然也重视民族教育，但大多停留在观念上，缺乏实际操作性。例如，规定国家从财政、物资、技术等方面帮助各少数民族加速发展经济建设和文化建设事业；规定国家根据各少数民族的特点和需要，帮助各少数民族地方发展教育事业。在这些法律中均缺乏相应的可操作性条例，其落实大多取决于各级领导者的观念意识，缺乏法律条文的具体保证。只有加强依法治教，才能将观念的重视转为切实的行动，也才有持续发展可言，并最终实现民族教育均衡发展的目的。建议进一步加强我国民族教育条例及相关立法工作，民族教育必须强化依法办教和依法治教，将民族教育真正纳入法制的轨道。

（七）加强民族教育管理问题研究

要进一步加强民族教育管理问题的研究，提高民族教育决策的科学化、民主化水平，完善民族教育行政决策和管理制度，建设一支高素质的教育行政管理队伍，提高管理水平和依法行政水平。民族地区在生态环境、经济文化上与发达地区存在着明显的差异，同时掺杂了长期历史发展过程中相对落后的因素，使得民族地区的教育发展带有自身的特殊性，因而，它要求教育管理体制改革既要遵循改革的普遍要求，又要符合自身发展的特殊性，只有这样，才能有效地促进民族教育的发展。

/ 第六章 /
民族教育工作者的文化素养与教师队伍的政策创新

民族教育是我国教育的重要组成部分，是民族工作和教育工作的重要内容。发展民族教育对于维护国家和谐稳定具有重要意义。本章主要探讨了民族教育工作者的文化素养探究、民族教师队伍的政策实施现状与创新探索。

第一节　民族教育工作者的文化素养探究

一、民族教育研究者为何应具备文化素养

相比其他的教育研究，民族教育研究本身就具有特殊性，而这一特殊性是由民族地区和民族的特殊性所决定的。我国自古以来就是一个多民族的国家，每个民族生存的自然地理环境不同，在这种背景下产生和发展的生产方式、社会特点以及文化都随之不同。可以说每个民族不论大小，都有其本质的特点，都有只属于本民族而其他民族没有的特殊性，体现出来的就是文化的多样性，这些因素导致民族教育呈现出复杂性，给研究者的工作带来了一定的困难。面对这些困难，就更要求研究者具备一种特殊的素养，即文化素养。

（一）民族教育的文化性要求

有关人类的起源问题从最初的一元论发展到多元论，无论起点是否相同，人类的文化模式却从来不是单一的。从最初由英国人类学家爱德华·泰勒（Edward Tylor）给出的“文化包括知识、信仰、艺术、法律、道德、风俗以及作为一个社会成员所获得的能力与习惯的复杂整体”这一著名定义开始，对于文化及其定义的争

论就层出不穷。美国著名人类学家威廉·哈维兰（William Havilland）认为文化是一系列的规范和准则，当社会成员按照它们行动时，所产生的行为应限于社会成员认为合适和可接受的变动范围之内。而对文化定义的“集大成者”北美人类学家克罗伯（A.L Kroeber）和克拉克洪（C.Kluckhohn）在20世纪50年代出版的《文化：概念和定义的批评考察》（Culture：A Critical Review of Concepts and Defi-nitions）中总结了一百余种定义，之后将其总结整理为：“文化是由外显的和内隐的行为模式构成的；这种行为模式通过符号来获取和传递；文化代表了人类群体的显著成就，包括他们在人造器物中的体现；文化的核心部分是传统的（历史的获得和选择的）观念，尤其是他们所带来的价值观；文化体系一方面可以看成活动的产物，另一方面则是进一步活动的决定因素。”应该注意的是，尽管人们对文化的定义不同，但都在文化的认识方面达成了一致，即文化是一种生活方式，这种生活方式为社会成员共同拥有，并且为了满足其要求，社会成员共同创造事物，因此形成了心理和行为。

每个民族都有自己特殊的文化。所谓的民族文化就是一个民族在其自身的发展过程中创造的物质、制度方面的成果以及基于物质、制度之上的民族共同的心理。人类是文化产生、维持和发展的动力、载体和媒介，每一个人作为社会群体的一部分都分属于不同的民族，所以任何文化首先都是民族文化。民族文化影响着民族的教育观和教育意识，影响着学生的人生价值观、认知结构等。同样，民族教育也是民族文化发展的动力，是最有发展潜力的部分。文化的传承、传播、发展和创造无不以教育为最佳手段。因此，民族教育是具有文化性的，这一文化性深深扎根于各个民族的文化传统之中。随着多元文化主义的传播，各个民族的文化特殊性和中华民族大家庭的文化多样性日益受到重视，也使研究者抛弃了以前的偏见，以更为平等的心态去看待民族教育的文化性。在我国的民族教育研究中，多元一体的教育理念要求研究者不仅重视“多元”也要抓住“一体”。因此，对研究者文化素养的要求不仅来自我国民族教育文化性的特征，更是有效帮助研究者开展研究的需要。

（二）民族教育的跨文化性要求

我国民族文化的多样性导致民族间的文化差异，使现代的民族教育渐渐演变成为一种跨文化教育。而在这种跨文化教育背景下的双语教育模式、教学实践、教学评估等都会因文化的差异形成不同的模式。作为研究者，无论是开展质性研究还是量化研究，都会经历这种跨文化情境下所遭遇的困惑与误解，甚至是“文化冲击”。例如，北美民族教育的研究者在对生活在美国境内的纳瓦霍保留地的教育开展研究时，在课堂中经常会出现学生在回答老师的提问时不注视老师的眼睛，而将视线转移到其他位置的现象。在主流的观念里，不与对话者进行眼神交流是一种不礼貌的行为，于是在这种情况下就要求研究者了解到纳瓦霍民族的一个重要习俗，那就是晚辈直视长辈的眼睛被视为一种不礼貌的行为。由此可见，民族教育研究者应具有一定的文化素养，在研究他者的过程中，了解他者的文化行为、习俗传统以及价值观念，并能以他者的视角和思维去看待问题。因此，民族教育的跨文化性也要求民族教育研究者具备文化素养，能够更为准确地开展研究，避免误解和错误。

二、民族教育研究者应具备的文化素养

民族教育的文化性以及民族教育研究的跨文化性要求民族教育研究者应当具备一定的文化素养。吉鲁（Henry A.Giroux）对于素养的解释主要有五个要点：（1）素养不仅是文字、艺术、技能，还必须包含对意识形态与思想的澄清；（2）素养为组织意义、建构意义、维持意义的工具；（3）素养是一种现有的文本、知识论与意识形态系统的再现的实践；（4）素养是要了解差异，因为他人的认同很重要；（5）素养脱离不了差异与权力的语言。作为民族教育研究者，内在的文化意识素养是培养如文字、技能等外在素养的关键。正如吉鲁的这五个要点始终贯穿着文化意识的重要性。

然而目前学界对于文化素养并未形成统一的说法，除了文化素养以外，尚有多元文化素养（multicultural literacy）、文化互动素养（intercul-tural literacv）以及文化智力（cultural intelligence）等说法。而其中对文化智力的新近国内外研究较多，文化智力的高低决定着文化素养能力的高低，所以说文化智力的概念相对于文化素养来说更为聚焦 . 以下内容主要对文化智力的有关研究进行阐述。

厄尔利（P.C.Earley）和莫萨科夫斯基（E.Mosakowski）基于智力理论提出了“文化智力”的概念——文化智力是个体应对跨文化环境，并在跨文化环境中有效活动的能力。从本质上说，文化智力属于智力的一种，是与个体的特定认知领域——跨文化环境密切相关的。简而言之，文化智力即人们有效地与来自不同文化背景的人互动的能力。文化智力的提出有利于帮助处于不同民族、种族或国家之下的人们有效地收集和处理数据、信息，更好地适应新文化。彼得森（Peterson）对文化智力下了一个操作性定义，与霍夫斯泰德（Hofstede）所提的文化价值观维度一致，即平等与阶层制度、直接与间接、个人与群体、任务与人际关系、风险与谨慎，对应于权力距离、长期与短期取向、个体主义与集体主义、生活的数量与质量、不确定性的规避五个维度。彼得森把文化智力解释为各行各业的工作者为了提高在工作环境中的沟通能力，与来自不同国家的客户、合作伙伴以及同事保持融洽的商业关系的能力，包括语言能力、空间能力、情感能力与人际关系能力四个方面。该操作定义置于民

族研究的情境之下，也同样适用。而厄尔利（P.C.Earley）等人认为文化智力是三维度的，即认知性（cognitive）、动机性（motivational）和行为性（behavioral）。其中，认知性包括宣告式、程序性、类推性、模式认知、外部扫描、自我觉醒；动机性包括效能感、坚持、目标、增强价值质疑与综合能力；行为性包括技能、惯例和规则、习惯、获取新知识的能力。厄尔利又对文化智力的三维度结构进行了更形象的描述，他将“文化智力”概括为三个要素：头脑、心和身体。“头脑”指的是思考，在于是否理解正在发生的事情，有没有应对新文化的策略，相当于认知性；“心”则指有没有采取行动的动机，以及对自身能力的信心和勇气，相当于动机性；“身体”指能不能做出得体、有效的反应，相当于行为性。而扑扑克维茨（Thomas S.Popkewitz）从另一个角度提出了与该三维文化智力结构不同的说法，他认为文化智力的结构应当包括知识（knowledge）、留心（mindfulness）与行为（behavior）三个维度：知识是指对文化的识别以及对跨文化交流原则的掌握，既要明白所要面对的文化类型，又要分辨与其他文化的不同之处，以及这种文化将如何影响人们的行为；留心是指能够对所处的内外部环境有所觉察和意识；行为是指在前两者的基础上，在特定环境之中选择相适合行为的能力，这也是文化智力区别于其他能力的关键之处。

除了国外学者对文化智力的研究以外，国内学者也对文化素养给出了相关的定义。曾伟提出，文化素养具体体现在跨文化态度和跨文化交往能力两个方面，其中跨文化态度指的是形成尊重差异、包容多元的跨文化态度，其特点是开放、平等、尊重、宽容、客观；跨文化交往能力指的是和而不同、求同存异的跨文化能力，包括跨文化的认知能力、跨文化的比较能力、跨文化的取舍能力、跨文化的传播能力以及跨文化的对话能力等。而鲁卫群提出，跨文化素养包括知识、态度、能力三个层面，其中知识层面是指对世界上其他民族文化的知识和人类跨文化实践的历史与现实的了解；态度层面指的是培养开放、平等、尊重、宽容、谨慎等积极的跨文化态度；能力层面则包括跨文化认知的能力、跨文化比较的能力、跨文化参照的能力、跨文化取舍的能力以及跨文化传播的能力。

综合以上各学者的观点，可以引用鲁本（B.Ruben）的观点来概括“文化素养”，即在不同文化背景下进行适当沟通行为的能力。这一观点认为，即使具有积极的态度，并且具备了许多关于当地文化的知识，但如果不能表达、不能通过适当的沟通行为进行交流也于事无补。文化与沟通联系紧密，文化在很大程度上决定了和谁沟通、怎样沟通以及沟通什么。而对于民族教育研究者来说，首先要对自我的文化有很好的把握，即“文化自觉”，此外还应当熟知其他民族的文化，以便更科学地进行教育研究。

第二节　民族教师队伍的政策内容与创新探索

一、培养本民族教师队伍政策的内容

（一）尽快解决民办教育转公办的问题

国家对民族教育的高度重视还体现在对教师的特殊政策上。在少数民族地区从事教育工作，条件比较艰苦，民办教师待遇低，生活尤为困难。为了改善他们的生活和工作条件，保证教学工作的正常进行，国家决定将边境县民办教师转为公办教师。全国第五次民族学院院长会议提出：民族地区要尽快解决民办教师转公办问题。今后，如果国家给了民办转公办的指标，在教育部分配的时候，要尽先照顾民族地区。

全国边境县的民办教师，1979 年国家已拨专项劳动指标，经考核合格者，全部转为公办教师。在少数民族山区、牧区的民办教师，各省、自治区有计划地安排劳动指标，经考核择优，分期分批地逐步解决转为公办教师的问题。

（二）培养兼通两种语文的教师

（1）培养兼通两种语文的中小学教师。民族师范学校也应开设民族语文课，有条件的还应使用民族语文授课，应注意培养兼通两种语文、热爱民族教育事业的中小学教师。

（2）实施西部大开发战略、加快中西部地区发展，是我国迈向现代化建设第三步战略目标的重要部署，积极发展西部地区高等师范教育、加快基础教育师资的培养是实施西部人力资源开发的重要措施。要拓宽教师来源渠道，鼓励非师范院校毕业生和东、中部地区高校毕业生到少数民族和西部地区任教。要采取定向招生等特殊措施，加强培养在农牧区、高寒地区、山区和边疆地区能“下得去、留得住”的各级各类学校教师，加强教师培训，鼓励教师参加各类业务学习，提高教师学历、学位层次。要在全社会营造尊师重教的良好风尚，切实保证和不断提高教师的待遇。

（3）将培养“双语”教师作为教师队伍建设重点。要把教师队伍建设作为民族教育发展的重点，教育投入要保证教师队伍建设的需要。少数民族和西部地区教师队伍建设要把培养、培训“双语”教师作为重点，建设一支合格的“双语型”教师队伍。进一步深化教师教育制度改革，提高师范院校教师队伍的教学和科研水平，加强县级教师培训基地的建设。同时，采用远程教育等现代化手段，提高继续教育的质量和效益。加强校长培训，提高民族地区学校的管理水平。

（4）解决民族学校民族语文和双语文教师缺乏问题。要采取有效措施，多渠道、多层次培养民族语文和双语文教师。

（5）把“双语”师资培养和教材建设列入教育发展规划重点保障。民族地区的各级政府和教育行政部门要把“双语”师资培养和教材建设列入当地教育发展规划，予以重点保障。

（6）对掌握“双语”的教师给予特殊照顾。对已经掌握“双语”的教师，国家在一些方面给予了特殊的照顾，如1982年2月18日教育部发出的《关于当前执行“国务院关于高等学校教师职务名称及其确定与提升办法的暂行规定”的实施意见》第6条，就对民族高等院校中少数民族教师的外语水平作了特殊规定：已掌握民族语文和汉语文的少数民族教师，外语水平可适当放宽要求或暂不列为必备条件。这种特殊要求，符合民族高等院校的实际，有利于调动这些院校教师的积极性。

（三）注意培训少数民族在职教师

1. 师资队伍建设是发展民族教育的关键

教师在教学中起着主导作用，教学的基本形式是教师在课堂上讲授。其他各种教学环节，也都要在教师的指导下进行。党历来注重教师的作用，尊重教师的劳动，赞誉教师是人类灵魂的工程师。“建立一支能够胜任本职工作的教师队伍，是提高教学质量，完成教学任务的关键。”建立一支在数量上适应民族教育发展需要的，质量上合格的少数民族师资队伍，是当前发展和提高民族教育的关键，是当务之急。各民族学校对于师资要“有计划、有步骤地进行建设工作”，要下大力气建立一支坚强的民族教师队伍。

在当前，“加强少数民族师资队伍建设，是办好民族教育的紧迫任务”。要从我国社会主义初级阶段的基本国情和民族地区的实际出发，加速发展民族师范教育。把发展师范教育和培训在职教师作为发展教育事业的战略措施，积极培养合格的民族教师队伍。师范教育是教育工作的基础。要充分认识民族教育在我国社会主义建设中的重要地位和作用，把培养合格的民族师资作为发展民族教育的中心环节来抓。要根据民族地区经济建设、人才分布和社会发展的需要，合理地规划和确定少数民族师资培训教育发展的结构、层次、速度、规模和模式。

2. 加强教师队伍的整顿、培训和提高工作

各学校行政负责人应加强对这一工作的领导，对现有师资制订具体培养计划，采取有效措施。鼓励教师的业余进修，并帮助解决其学习上的困难。加强在职教师的培训提高工作，这是发展民族教育事业，提高教育质量的关键，也是教育事业调整的主要内容。要采取各种措施，提高现有教师水平。“必须认真加强教师队伍的

整顿、培训和提高工作。”在教学中要充分发挥老教师的骨干作用，关心和扶持青年教师的成长，采取在职进修、以老带新等形式，提高现有教师的水平。党组织要关心教师的组织生活，积极做好在教师中发展党员的工作。党和行政领导要保证教师有充足的时间用于教学和科学研究工作。要建立教师的工作量制度、定期考核制度、晋升制度。

各级教育学院和教师进修学校要注意培训少数民族在职教师。在发展民族师范教育的同时，必须采取多种形式大力培训在职的少数民族教师、提高水平。

3. 内地要积极支援民族地区师资建设

内地有关省、市和高等学校要积极支援民族地区师资建设，并采取派专家、教授定期讲学，接受在职教师进修、代培等办法，为少数民族地区培养大专院校和中等专业学校的师资。

（四）建立少数民族师资培训机构

1. 不具备条件的地区可在师范学校或中学设少数民族师范班

第一次全国民族教育会议讨论通过的《培养少数民族师资的试行方案》中指出：各级人民政府教育行政部门应积极帮助现有的少数民族师资学校，改善物质条件，提高教师质量，改进教材教法，更好地为少数民族培养师资，在工作需要和条件可能时，则应予以扩充。在发展师范教育的计划中，应根据各地区少数民族人口多寡，教育工作的实际需要，为少数民族创办一定数量的师范学校，培养少数民族的初等教育、工农业余教育的师资。在尚未具备单独设立少数民族师范学校条件的地区，可在一般师范学校或中学内增设少数民族师范班。

2. 设置各种短期师资训练班

少数民族地区为了适应发展初等教育、工农业余教育的迫切需要，应设各种短期师资训练班，招收知识分子予以 3 个月、半年至一年的训练，使他们成为小学教师和工农业余学校教师。并应采取轮训和加强在职学习等办法，提高现任教师的质量。

3. 筹设少数民族的师范学院或师范专科学校

为了培养少数民族的中等学校师资，省级以上的人民政府教育行政部门应在少数民族人口集中、教育较发达的地区筹设少数民族的师范学院或师范专科学校；各民族学院内应酌量增设民族教育系或师范专修科；并可选定若干师范学院或师范专科学校，增加有关少数民族教育的课程或在原有各系内酌量增设少数民族教育组。

适当发展和大力办好民族师范学校。要建设好师资队伍，首先要恢复和发展民族师范教育。在办好现有民族师范院校的同时，还应根据需要与可能有计划地增建一批民族师范院校，各自治区和少数民族人口较多的省，都要逐步形成从中等师范到高等师范，布局合理，适应民族教育发展需要的民族师范教育体系。办好民族师范学校，是培养民族小学教师，发展少数民族地区小学教育事业，提高少数民族科学文化水平，加强边疆少数民族地区现代化建设的一项重要措施。“民族地区要重点办好师范院校。”少数民族地区，要解决好师资，要集中力量重点办好师范教育。

各级少数民族师范学校和师资训练班，以招收各地区的少数民族学生为主，同时也可以招收一部分适合做少数民族教育工作的汉族学生。全国各地各级师范学校在招生时应注意吸收少数民族学生入学。

各地民族师范院校应以招收少数民族学生为主，特别要注意招收农、牧、山区学生入学，多培养当地土生土长的少数民族教师，以利于教师队伍的稳定和巩固。民族师范院校毕业生的分配，要优先考虑少数民族的广大农牧区和山区。

（五）在当地少数民族回乡知识青年中选拔农村教师

（1）农村教师要尽量在当地少数民族回乡知识青年中选拔。目前，大多数少数民族地区的师资数量缺乏，质量偏低。这对巩固边疆和建设边疆极其不利。为了加强民族地区师资队伍建设，增加民族教师的数量，民族师范毕业的学生要分配到少数民族地区，农村教师要尽量在当地少数民族回乡知识青年中选拔。

（2）逐步实现民族地区学校教师队伍地方化。今后师范院校的招生，应采取择优录取和地区照顾相结合的办法。“定向招生”，即注意招收牧区、山区的学生，毕业后仍回山区、牧区工作，逐步使教师地方化。逐步做到少数民族地区小学的多数教师，由合格的少数民族教师担任。

（3）师范院校招生时可划出一定指标定向招收散杂地区少数民族学生入学。针对散杂居地区的少数民族师资力量比较薄弱的状况，各级师范院校招生时，可划出一定指标定向招收散杂地区少数民族学生入学。各级教师进修院校在培训在职教师时，要把培训散杂居地区少数民族教师作为一项重要任务。师范院校毕业的少数民族学生，要优先分配到民族学生为主的学校或少数民族学生较多的学校任教，各地还可采取一些措施，鼓励教学水平较高的汉族教师到民族学校任教。

（六）高等学校要为职业技术学校培养专业课师资

（1）加强民族地区职业教育师资队伍和职业教育管理干部队伍建设。充分利用国家重点建设的 50 个职教师资培训基地和部委、地方所属的高等院校或职业技术师范学院，更多地承担为民族地区培训职教师资和管理干部的任务。要制定优惠的政策，吸引和留住更多高水平的教师从事职业教育的教学和管理工作，使中等职业学校的师资基本达到任职资格标准，逐步建立一支专兼结合、数量足够、素质优良、结构合理、相对稳定的“双师型”职教师资队伍和职业教育管理干部队伍。

（2）吸引更多普通高校的本科毕业生到中等职业学校任教。国家在制订高等教育招生计划时，要安排一定的名额对口招收职业学校毕业生，鼓励优秀高中毕业生定向报考职业技术师范学院，要制订具体措施，吸引更多普通高校的本科毕业生到中等职业学校任教。

（3）加强委属和地方职教师资培训基地建设。地方各级政府和教育等有关部门要下大力气，通过多种渠道，培养一批有志于职业教育的教师。加强委属和地方职教师资培训基地建设，国家设立职教师资培训基地中央补助项目，扩大委属职教师资培训基地的服务功能和培训能力，更多地承担为西部地区培训职教师资和管理干部的任务。

（4）高等院校要承担为职业技术学校培养专业课师资任务。要规划、解决好职业技术教育的师资问题。有关高等院校，要在地方有关部门的统筹安排下，承担起为职业技术学校培养专业课师资的任务；在大中专毕业生分配时要对少数民族与民族地区适当照顾；对一些急需的专业课师资，还可通过聘请“能工巧匠”的办法解决。各地还可从职业教育专项补助经费中划拨适当比例，用于专业课教师的培训。要加强电教设备建设，充分发挥现代化教育手段在职业技术教育和专业课师资培训中的作用。

二、培养本民族教师队伍政策的创新

（一）多渠道筹措师资培养培训经费

虽然国家对少数民族地区的教育投资高于一般地区，但民族教育起步晚，起点水平低，基础相对薄弱，且民族地区自然、社会条件特殊，教育投资成本要高于内地，教育经费短缺一直是困扰少数民族地区师资队伍建设的主要问题。因此，为了促进民族地区教育事业的发展，加强师资队伍建设，国家和各级政府应当采取必要的倾斜政策，拨出专款，支持少数民族地区教育师资的培养、培训工作。县（市）级以上教育行政部门应在教育事业费中安排专款用于师资的培养和培训工作；有条件的地方教育行政部门或学校主管业务部门，可设立民族教育教师培养和培训专项基金，以缓解或从根本上解决民族教育师资培养、培训经费不足的问题。此外，举办师资培训的高等学校，也应加强与社会各方的普遍联系，努力争取社会各界对民族教育师资培养、培训工作的关心与投入。

（二）建立梯级网络，实施分层培训

民族教育师资的培养和培训工作可以实施省级、州级、县级、乡级、校级、远程等分层培训。

1. 省级培训

以国家级或省级教师进修学校为依托，加强与高校，尤其是与师范大学之间的合作，使教师进修学校和高校之间互通有无、资源共享来促进教师继续教育的发展。培训的主要对象是省级各个学科的学术带头人、省级中小学骨干教师和校长、部分学历培训。这样做，一方面可以促进优秀教师在短期内转化为研究型教师；另一方面，优秀教师的重点培训具有辐射作用，其优秀教育教学经验被总结出来，加以推广，可以推动普通教师的教育教学实践，同时，省级培训工作也担负着对州级培训的理论和实践的指导任务。

2. 州级培训

州往往是一个民族聚居区的代表，统领着整个民族自治地方的力量。要加强州级教师进修学校的力量，使其真正承担起对州级、县级学科骨干教师、校长、部分教师学历提高和州级代课教师的培训任务。州级培训在少数民族贫困地区起着重要作用，州级培训不仅在培训数量上较大，而且对县级和乡级培训工作进行安排和指导。因此，州级培训在民族地区教师培训体系中居于中心地位。

3. 县级培训

主要培训对象是县级和乡级学科骨干教师和校长、县乡级教师的岗位培训、新教师上岗培训以及县级聘请的代课教师的培训。县级培训常规性工作多，工作量大。但是许多县级教师进修学校师资不足，设备落后，经费缺乏。因此，要着力加强对县级培训体系的建设和完善。

4. 乡级培训

以乡镇为中心设立乡级教师继续教育站点，其中分别设立小学教师培训站点和中学教师培训站点，每站设置专职培训教师 1 ~ 2 名，兼职教师 2 ~ 3 名，配置相应的电教设备。乡级培训主要完成边远地区的教师培训和乡（镇）聘请的代课教师的培训。乡级培训站点的设立，有利于克服农村中小学规模小、学校分散、同科教师少、开展教师继续教育实效低的弊病。乡级学校教师培训工作要与省、州级教师培训工作同步发展。

5. 校级培训

教师任职的学校是教师自身获得发展的基础，丰富多彩的教育教学实践是教师继续教育最好的练习场所。校本培训是以教师所在学校为基础，面向全体教师的培训。它注重校内教师的自修自练，以师训师，以组训师；在开展说课、讲课、评课的学校内部自我培训的同时，更加强调外部专业力量的介入，实现与专业培训和培养机构的教育教学工作的交流；开展校际之间的教育教学交流，以期借师训师。校本培训可以在一定程度上缓解民族贫困地区教师缺编严重、培训经费困难、教师工学矛盾尖锐等问题。

6. 远程培训

现代化的远程教育具有信息传递快、费用低廉、覆盖面广等特征，非常适合在地处偏远、经济落后、师资贫乏的民族地区普及和推广。因此，要继续加强民族教育远程教育的基地建设，充分发挥电教设备、卫星广播教育节目来培训教师，因材施教，分层施教，提高基础教育的质量。

省级—州级—县级—乡级—校级的五级培训体系环环相扣，互相补充，相互依存，与现代远程教育共同构成了民族地区教师继续教育的新模式。

（三）提高现有教师队伍的整体素质

民族地区师资队伍建设的最大问题是要解决整体素质提高的问题，应当采取更加积极、有效的措施，从多方面切实提高现有教师队伍的整体素质。

1. 要严格筛选，加强培训队伍建设

培训者的素质是确保教师培训质量和效果的关键因素，也是培训工作可持续发展的源泉和动力，所以，对培训者的挑选和培训至关重要。在挑选时，需制订规定性的要求和评价指标，既考虑培训者是否具备崇高的敬业精神、丰富的教育理论、渊博的专业知识、先进的教学手段以及较强的组织协调能力，还要考虑培训者是否懂得师资培训的特点、规律，熟悉本地民族教育教学工作，能将教育理论融于教学实践，指导教师教学。培训队伍应在广阔的领域里组建，以培训主体多样化、师资结构合理化的原则为指导，建成一支专家型、经验型、管理型的培训队伍，保障教师培训工作高效、高质量地完成。

2. 职业教育师资学历达标问题

通过多种途径解决民族地区教师，特别是职业教育师资学历达标问题。各地区和有关部门要制订师资培训规划，依托教育培训基地和普通高校，尽快使学历未达标的专业课教师和实习指导教师达到任职学历要求。要注重培养“双师型”教师，实行专业教师的“双证书制”。

3. 要加大专业带头人和骨干教师的培养力度

民族教育要上档次、有特色，关键是要有一批专业带头人和青年骨干教师队伍。学校领导要从学校专业建设的实际出发，建立、健全专业骨干教师和专业带头人培养机制和具体培养目标，使学校拥有稳定的专业骨干教师和专业带头人。

4. 加大外聘专职教师和兼职教师的比例

切实解决专业教师和实习指导教师严重不足的问题。各级教育行政部门和学校主管部门要积极支持和鼓励学校从社会上聘请具有一定专业技能和实践经验，又符合教师任职资格的专业技术人员到职业学校任职或兼职。

四、改革、调整培训内容

民族地区的教师培训与非民族地区教师培训相比，具有特殊性。这种特殊性更集中地体现在培训内容方面。要切实搞好民族教育的师资培训工作，有必要在培训内容针对性和深化培训内容方面做更多的工作。

1. 增强培训内容的针对性

实证研究表明：教师对培训内容有一定的要求，一般希望接受实际教学方法技能、现代教学手段、开发乡土教材的实用技术、后进生转化方法、心理健康教育等方面的培训，这就给民族地区师资培训机构提出了新的课题，即如何通过培训，使参加培训的教师的教学水平和解决问题能力得到提高。民族地区的师资培训机构，要适应师资培训这种需要，以增强培训内容的实用性。培训机构可立足现实，提供某种技能性培训，也可审时度势，将理论与实践联系起来，为教师更好地从事教学进行系统性培训。此外，培训要特别注意城乡差别，考虑贫困地区学生语言表达、学习观念、个性品质、领会能力方面的特点，为当地教师贴身打造本土化的培训内容，用因地制宜的眼光去推动贫困地区教育的发展。

2. 扩大和不断深化培训内容

民族教育的师资培训内容要扩大和不断深化，如设置多元文化课程。在统一的多民族国家中，少数民族教育既要考虑和适应本民族的文化环境，考虑和适应本民族的发展和需要，又要兼顾以主体民族为主的统一的多民族国家的共同的文化大背景，兼顾以主体民族为主的统一的多民族国家的发展和需要。民族地区师资培训工作，应注意结合实际情况，及时调整培训内容，改进培训方式。

五、努力探索，灵活运用多种培训方法

现行师资培训的教学方式及手段落后且单一，不利于贫困地区教师的综合素质的提高。需要积极探索，运用多种培训方法，科学有效地组织培训活动。要将听、看、讲、做、体验等多种途径和方式结合起来进行，打破传统课堂讲授的常规，综合运用诸如案例分析法、集体备课法等各种培训方法，增加培训的生动性和趣味性。

要加强监督，完善培训环节。为从根本上解决民族地区特别是贫困地区教师培训要开会问题，避免培训的盲目性和随意性，必须加强监督，形成由培训者、受训

者和培训监督机构组成的三权制衡网络，建立教师培训的督导评价机制，完善培训过程。这种评价不仅需要在培训进程中不断收集反馈信息，更要在培训后进行跟踪调查；不仅需要对参与培训的教师采用多样化的评价方式，自评与他评结合，过程评价与终结评价结合，也要对培训单位的培训内容、教学方法、培训者的素质和培训效果等方面进行评定。

六、保证“双语”教学师资队伍持续发展

民族地区要把培养、培训“双语”师资作为教师队伍建设的重点，着力建设一支数量适应需要、质量符合要求、以当地少数民族教师为主体的“双语型”教师队伍，保证民族地区“双语”教学师资队伍的持续发展。民族地区要根据当地多语教学的特点和教育工作的实际需要，有目的、有计划地开展“双语”师资的培训工作，并在晋职、晋级、评优和专业职称评定中给予适当照顾，逐步增强少数民族教师自我发展能力，保持民族地区“双语”教师队伍可持续发展。

七、改善教师的工资待遇和工作条件

我国民族地区，特别是农村山区教师的工作环境很艰苦，所付出的劳动比其他教师、其他职业的人员要多，但是他们的待遇相对较低，工作条件相对较差。要稳定教师队伍，使教师能够“爱师”“乐师”，就必须下决心改变教师的工资待遇和工作条件。改善教师的工资待遇和工作条件，既能稳定现有教师队伍，又能吸引优秀人才。要落实教师工资由县财政统一发放的规定，有效防止拖欠教师工资现象的发生，认真执行人事部和财政部 2001 年 2 月 8 日下发的《关于实施艰苦边远地区津贴的方案》。此外，有关部门还应继续出台更为有力的政策、措施，有效解决民族地区，特别是贫困地区目前在教师队伍建设上面临的人员流失、待遇偏低等实际问题。

参考文献

[1] 杜孟其，刘银喜 . 民族地区义务教育精细化发展路径探讨 [J]. 内蒙古师范大学学报（教育科学版），2018（07）.

[2] 张海庆 . 少数民族地区高校创新创业教育中思想政治引导的研究 [J]. 内蒙古财经大学学报，2018（03）.

[3] 宁亚芳 . 西部民族地区人口政策缓贫效果检验 [J]. 中国人口科学，2014（06）.

[4] 赵国春，梁勇 . 少数民族地区高等教育与经济发展的协同性研究 [J]. 中国高教研究，2014（05）.

[5] 苏德 . 基础心理学 [M]. 呼和浩特：内蒙古教育出版社，2006.

[6] 杨改学 . 教育信息化促进少数民族教育的变革与发展 [M]. 北京：科学出版社，2016.

[7] 孟立军 . 新中国民族教育政策研究 [M]. 北京：科学出版社，2010.

[8] 苏德 . 民族教育政策：文化思考与本土建构 [M]. 北京：教育科学出版社，2014.

[9] 苏德 . 民族教育质性研究方法：理论、策略与实例 [M]. 北京：教育科学出版社，2014.

[10] 葛瑞 , 赵蔚 . 以课题研究促进信息技术与课程整合 [J]. 黑龙江科技信息 ,2010（31）.

[11] 顾小清 , 祝智庭 , 庞艳霞 . 教师的信息化专业发展 : 现状与问题 [J]. 电化教育研究 2004（1）.

[12] 规划编辑专家组 .《教育信息化十年发展规划（2011—2020 年）》解读 [M]. 北京 : 人民教育出版社，2012.

[13] 教育信息化建设与应用研究课题组 . 我国教育信息化建设与应用专题研究报告 [M]. 北京 : 高等教育出版社，2010.

[14] 李芒 , 蔡旻君 , 吴颖惠，等 . 技术“极化”区基础教育信息化应用策略研究——以北京市海淀区为例 [J]. 中国电化教育 ,2013（7）.

[15] 罗江华 , 张诗亚 . 西部民族地区教育信息化发展两种路径之评析 [J]. 民族教育研究 ,2011（6）.

[16] 梅英 , 李红军 . 民族地区基础教育信息化资源闲置的理性反思 [J]. 广西广播电视大学学报 ,2011（2）.

[17] 谢维和 . 论优质教育资源的涵义与建设 [J]. 人民教育 ,2002（11）.

[18] 徐东明 . 关于民族高校图书馆信息化建设的几点思考 [J]. 西藏民族学院学报（哲学社会科学版）,2000（2）.

[19] 杨改学，张炳林．少数民族双语教学信息化资源建设现状与发展[J]. 中国电化教育，2013（8）.
[20] 陈沛照．中华人民共和国少数民族教育 60 年 [J]. 贵州民族研究，2010（1）.
[21] 陈向明．参与式教师培训的实践与反思 [J]. 教育研究与实验，2002（1）.
[22] 陈向明．在参与式学习中学习与行动 [M]. 北京：教育科学出版社，2003.
[23] 陈晓萍，魏建刚．"参与式培训"的活动过程和方法策略 [J]. 浙江教育学院学报，2006（2）.
[24] 陈学军．教育政策研究的第三立场：面向政策利益相关者 [J]. 清华大学教育研究，2007（3）.
[25] 顾明远．民族文化传统与教育现代化 [M]. 北京：北京师范大学出版社，2001.
[26] 顾明远．中国教育大百科全书 [M]. 上海：上海教育出版社，2013.
[27] 哈经雄，滕星．民族教育学通论 [M]. 北京：教育科学出版社，2001.
[28] 拉德克利夫·布朗．原始社会的结构与功能 [M]. 潘蛟，译．北京：中央民族大学出版社，2002.
[29] 马林诺夫斯基．文化论 [M]. 费孝通，译．北京：华夏出版社，2002.
[30] 教育领域中的族群性、种族和民族性 [M]. 滕星，马效义，等，译．北京：民族出版社，2010.
[31] 石火学．教育政策制定之精英模式的伦理缺失与重建 [J]. 武汉理工大学学报，2010（4）.
[32] 苏德，等．课程与教学论 [M]. 呼和浩特：内蒙古大学出版社，2008.
[33] 苏德，等．全球化与本土化：多元文化教育研究 [M]. 北京：中央民族大学出版社，2013.